A SERIES OF TEXTBOOKS IN NEW MEDIA THEORY AND PRACTICE

新媒体 理论与实务系列教材

新媒体营销案例教程

主　编 ◎ 付晓静
副主编 ◎ 滕姗姗　邓倩文

中国传媒大学出版社
·北京·

目 录

第一章 新媒体营销概述 ·· 1
 一、认识新媒体及其发展 ···································· 1
 二、新媒体营销的内涵及特点 ································ 5
 三、新媒体营销环境分析 ··································· 11
 四、新媒体营销的主要平台 ································· 13
 五、新媒体营销对市场的影响 ······························· 18
 六、互联网背景下新媒体营销的新思路 ······················· 20
 七、移动互联网时代新媒体营销走向 ························· 22

第二章 事件营销 ·· 24
 一、概述 ··· 24
 二、事件营销的策略 ······································· 29
 三、事件营销案例解析 ····································· 32

第三章 口碑营销 ·· 36
 一、概述 ··· 36
 二、口碑营销的策略 ······································· 39
 三、口碑营销案例解析 ····································· 42

第四章 病毒营销 ·· 48
 一、概述 ··· 48
 二、病毒营销的策略 ······································· 50
 三、病毒营销案例解析 ····································· 53

第五章　饥饿营销 ·· 64
　　一、概述 ··· 64
　　二、饥饿营销的策略 ··· 67
　　三、饥饿营销案例解析 ·· 68

第六章　知识营销 ·· 78
　　一、概述 ··· 78
　　二、知识营销的策略 ··· 81
　　三、知识营销案例解析 ·· 83

第七章　体育营销 ·· 92
　　一、概述 ··· 93
　　二、体育营销的策略 ··· 97
　　三、体育营销案例解析 ·· 99

第八章　社群营销 ·· 106
　　一、概述 ··· 106
　　二、社群营销的策略 ··· 111
　　三、社群营销案例解析 ·· 114

第九章　公益营销 ·· 120
　　一、概述 ··· 120
　　二、公益营销的策略 ··· 123
　　三、公益营销案例解析 ·· 126

第十章　场景营销 ·· 134
　　一、概述 ··· 134
　　二、场景营销的策略 ··· 140
　　三、场景营销案例解析 ·· 143

第一章 新媒体营销概述

一、认识新媒体及其发展

(一)新媒体的内涵

"新媒体"(New Media)一词最早出现于 20 世纪 60 年代。1967 年,美国 CBS(哥伦比亚广播电视网)技术研究所所长、NTSC 电视制式的发明者 P. 戈尔德马克(P. Goldmark)在一份关于开发电子录像商品的计划中提出了"New Media"这个说法。1969 年,美国传播政策总统特委会主席 E. 罗斯托(E. Rostow)在提交给尼克松总统的报告中也多处使用了"New Media"这个概念。在当时,"新媒体"一词更多指向电子媒体的创新性应用。①

到目前为止,对新媒体这一概念的界定并没有得到一致的确认,业界学界对新媒体都有不同的阐释,而且随着技术的不断发展,这个概念的内涵也一直在发展。国内第一批网络传播研究的学者彭兰教授认为,"新媒体"主要指基于数字技术、网络技术及其他现代信息技术或通信技术的,具有互动性、融合性的媒介形态和平台。在现阶段,新媒体主要包括网络媒体、手机媒体及其两者融合形成的移动互联网,以及其他具有互动性的数字媒体形式。同时,"新媒体"也常常指主要基于上述媒介从事新闻与其他信息服务的机构。②

其实,无论何种界定,都难以完全反映新媒体的丰富性。所谓新媒体本身就是不断变化的,网络媒体相对于报纸电视为"新",手机媒体相对于网络媒体也是"新"。随着数字技术的不断推进,人工智能的飞跃发展,新媒体的内涵不断得到丰富和更新。若从新媒体的实际应用及当下"万物皆媒"的趋势而言,新媒体基本涵盖了所有数字化的媒体形式,它包括了所有数字化的传统媒体、网络媒体、移动端媒体、数字电视、数字报纸杂志等。新媒体可以被视为一个相对的概念,它是继报纸、广播和电视等传

---

① 彭兰. "新媒体"概念界定的三条线索[J]. 新闻与传播研究,2016(3):120-125.
② 彭兰. "新媒体"概念界定的三条线索[J]. 新闻与传播研究,2016(3):125.

统媒体之后兴起和发展的一种新的媒体形态，主要包括手机媒体、网络媒体、数字电视等。新媒体同时也是一个外延很广的概念。其技术基础主要是数字技术与网络技术，它是一种通过互联网、宽带局域网、无线通信网络、卫星等渠道，借助手机、电脑、电视机等终端设备，为用户提供信息和娱乐等服务的传播形态。从这个角度看，其实新媒体更应该被称为数字化新媒体。从电子媒体到数字媒体，新媒体的形式更加多样，门槛也逐渐降低，任何使用者都可以参与到传播进程中，他们都在新媒体的使用与接触中获得了收益与乐趣，新媒体成为融合大众媒体、小众媒体以及个人媒体的传播形态。

（二）新媒体的特征

1. 强交互性

交互性指的是相互作用与相互影响，这是新媒体与传统媒体的根本区别所在。交互性具有双重含义，即传播者与受众之间存在着双向互动；受传者与受传者之间也存在着双向甚至多向互动。不同于传统媒体时代的精英控制与信息的单向流动，新媒体传播面向广泛用户，传播者与受众可以互相转化，没有以往那种绝对中心与权威来控制信息的流动。

新媒体平台的低门槛性充分解放了受众的传播能力，赋予了普通人传播话语权。仅需要一部智能手机，人人都可以利用新媒体发声，传播者和受众的界限变得越发模糊，受众逐渐演变成"用户"，用户可以利用新媒体平台随时随地满足其表达和交流的需求，他们由以往的被动接受变成积极主动地获取与分享。

2. 即时性与高效性

以报纸、广播、杂志等为代表的传统媒体在传播信息时一般会受到版面、制作周期、播出时间等限制，人们接收到的信息带有一定的滞后性，难以做到24小时即时播报。而新媒体借助高速光纤和4G或5G移动通信技术的支持，打破了信息传递的时间间隔，真正达到了信息即发即得，信息可以瞬息万里，传达到世界的各个角落。

新媒体凭借快速的传播和灵活的传播方式打破了传统媒体的时空限制，保证了信息的时效性。在使用新媒体时，用户不仅能随时随地接收到最新的信息，而且信息可以迅速地二次甚至多次传播，极大地扩大了信息的传播范围，提高了传播效率。

即时性和高效性不仅仅体现在接收端，用户还可以第一时间将自己的所见所闻发布在社交媒体上，成为信息的第一来源。当某一新闻事件发生时，记者不一定能第一时间赶到现场，而那些处于新闻现场的围观者或亲历者反而能利用手机拍摄现场照片或视频发布在网络上，其他用户则通过转发这些来自现场的照片或视频，将信息进行滚雪球式传递，不断扩大事件的影响力。所谓人人可传播，人人都可以成为专业记者，其实说的正是这种普通用户加入新闻传播过程的态势。

3. 多媒体与个性化

传统媒体多以报纸、广播、电视等为载体，它们或多或少有些局限性，例如报纸时效性差，广播没有画面感电视伴随性差，等，当下仅依靠某种单一形式如，音频或者视频很难满足受众的多样化需求，正是这些弊端的存在，才有了新媒体的生存和发展空间。新媒体不仅可以将音频、视频结合起来，VR、AR等技术的发展更给受众带来了零距离感。

除此之外，新媒体在内容与操作上都添加了更多的个人因素。在内容上，用户可以主动选择浏览自己喜爱的内容，对于不喜爱的则可以设置为免打扰。算法推荐技术的发展更使得平台能够洞察用户的喜好，将用户可能感兴趣的内容直接进行推送在操作上，用户可以根据需求选择字体、页面以及浏览模式，同时还可以选择文字、图片、音频、视频、H5等表现形式，或将这些形式以不同的方式组合起来。比如用户在上班挤地铁的时候可以拿出手机听音乐、刷短视频或者是看小说等，企业进行招聘时可以利用H5软件制作精美的招聘广告。

4. 海量性与共享性

传统媒体的承载量相当有限，且内容具有固定性，比如电视频道会在固定的时间播放某一电视剧或者节目，报纸的版面有限，刊登的内容必须经过严格的筛选。而新媒体具有信息海量的特点，因互联网将所有的计算机及网络连接了起来，集合成一个巨大的数据库，而且这个数据库实时更新，不断增加新的内容，在互联网的支持下，用户可以通过各种搜索引擎及社交平台等新媒体直接检索自己所需要的信息。

与此同时，互联网的开放性更是打破了平台与平台间的壁垒，人们可以将自己获得的信息无偿分享给他人，无论是文字、音频、视频还是其他更高级的形式，这些信息都能够作为数据被分享传输。而且许多平台上的信息本身就是公开发布的，信息的获取无须太高的成本，比如百度云或者微盘等工具能将海量信息和资源存储起来并无限分享，知乎等问答工具则满足了用户对专业、小众、特殊信息的了解。可见，新媒体的开放性使信息共享真正变成了现实。

（三）新媒体的发展趋势

在以信息技术为支撑的移动互联网时代背景下，新媒体给传统媒体带来了巨大的冲击，不论是传播方式、传播形态，还是传播观念，都发生了显著变化。未来，随着人工智能的突破与应用，新媒体还将呈现出新的面貌。

1. 短视频成为主要传播形态

短视频即时间较短的视频，一般指时长在 1 分钟以内的视频，当然两三分钟的也在此列。随着移动终端的普及和网络速度的不断提升，人们越来越追求内容的可视性与动态性，短平快的小视频就体现出独特的优势。在用户注意力分散、倾向于浏览式阅读的当下，一则碎片化的短视频显然很容易受到用户们的青睐。

短视频不需要大量的资金、人力和物力，拍摄制作简单，入门门槛低，因此成了 UGC 的重要平台，而且短视频的社交属性强，平台用户之间具备足够的黏性，未来，短视频会逐渐成为主要的传播形态之一。

2. 人工智能推动智能媒体的发展

"人工智能"一词最初是由一批具有远见卓识的年轻科学家在 1956 年提出的。从那以后，科学家们带着极大的研究兴趣，陆续提出并发展了众多相关理论和原理，人工智能的概念也不断扩展延伸。人工智能（Artificial Intelligence），英文缩写为 AI，它是研究、开发用于模拟、延伸和扩展人的智能的理论、方法、技术及应用系统的一门新的技术科学。

从诞生至今，人工智能的理论和技术不断深入，应用领域也在日益扩大。仅就其与新媒体的结合来看，就包括机器人写稿、智能推荐、语音识别、视频感应器等技术的应用。这些智能媒体正在改变甚至重塑着新闻生产与传播的各个环节。人民日报新媒体曾推出基于人工智能技术的"创作大脑"，兼容了智能推荐、智能写作、智能分发、智能语音等四大功能，其目标就是帮助内容创作者提升内容生产和分发效率。近几年来，人工智能在新媒体中的应用范围越来越广，它与新媒体的联合将会推动新媒体进入新的发展阶段，成为智能媒体。

二、新媒体营销的内涵及特点

(一) 常见的营销理念

营销理念，主要指企业在组织和筹划企业经营实践活动中所依据的战略思想、方法论、行为准则等，是企业经营哲学和思维方法的体现。营销理念指导营销活动全过程，并决定企业的营销目标和原则。企业运用何种市场营销理念，适用与否，直接关系到企业营销活动的质量、策略、成效。一般来讲，常见的营销理念主要有如下几种：

1. 整合营销

整合营销又称"整合营销传播"，其核心是通过企业和消费者的沟通，使企业了解消费者的价值取向，在此基础上确定企业统一的营销策略，整合运用各种不同的策略手段，发挥不同传播工具的优势，降低营销成本，从而达到事半功倍的营销效果。所谓整合，强调的是不同营销手段的整合，注重最终的实施效果。

美国的麦卡锡教授于1960年归纳总结出市场营销策略的4P理论，主要包括产品（Product）、价格（Price）、渠道（Place）和促销（Promotion）四部分。麦卡锡教授的观点是，完成一次成功并且完整的市场营销活动，需要以适当的产品、适当的价格、适当的渠道和适当的传播推广手段，将适当的产品和服务投放到特定的市场，他们理论使营销学成为具有纯市场导向特点的传统市场营销学。之后，以舒尔兹教授为首的一批营销学者提出了适应网络营销的理论——4C理论，即消费者（Consumer）、成本（Cost）、便利（Convenience）和沟通（Communication）。4C理论强调企业首先应当把追求顾客的满意放在首位，产品首先必须满足顾客的需求，与此同时也要降低顾客的购买成本，在研发产品和服务时就要将客户的购买力纳入考虑范围。其次要充分注意到顾客在购买过程中的便利性，最后还应当以消费者为中心实施有效的营销沟通。[①] 在新媒体时代，传统的4P营销理论可以更好地与以顾客为中心的4C理论相结合，即网络营销模式使企业在满足4C的前提下，通过传统的4P理论实现利润的最大化，同时尽可能满足消费者的需求。这种新的组合营销方式既可以帮助企业实现利益的最大化，又能给消费者带来良好的消费体验。

2. "软"营销

"软"营销又称"柔性"营销，它是适应互联网环境的一种营销理念，主要是针

---

① 尹坤，李欣. 4P与4C营销理论的比较研究 [J]. 淮海工学院学报（人文社会科学版），2015，13（2）：88-90.

对传统的企业强势营销而提出来的。所谓"软"营销,强调的是重视消费者的感受及体验,不是直接强势进行大规模广告宣传,而是攻"心"为上,展示企业的软实力,淡化商业色彩,甚至让消费者主动参与企业的营销活动,进而接受企业的产品。以往的营销以企业为主体,企业占据强势地位,消费者多为被动参与。随着新媒体的发展,单纯的强势营销很难得到消费者的青睐与认同,互联网经济决定了营销必须以用户为本,注重用户体验与感受。企业应当以友好的方式开展宣传,淡化营销过程中的商业活动,充分尊重消费者,给用户提供有价值的内容。现在流行的软文其实就是"软"营销的一种方法。

"软"营销致力于建立企业的软实力,不强硬,不咄咄逼人,希望在春风化雨中展示企业的良好形象。当然,强势营销和"软"营销并不是完全对立的,有时反而可以相辅相成。在进行"软"营销的同时辅以强势营销,能够带动消费活动的顺利完成;在强势营销活动中辅以适当的柔性营销,也能起到催化剂的作用,二者的巧妙结合往往会收到事半功倍的效果。

3. 关系营销

关系营销的概念最早由学者 Berry 于 1983 年提出,他将关系营销界定为"吸引、保持以及加强客户关系"。[①] 这一定义主要包含两个基本点,第一,宏观而言,这一定义意识到市场营销会对诸多领域产生影响,包括顾客市场、劳动力市场、供应市场、内部市场、相关者市场等领域,第二,从微观而言,企业与顾客的关系是不断发展变化的,市场营销的核心需从过去的简单的一次性交易关系转变为注重保持长久的关系。对于企业来说,从微观上理解的层面更具有现实意义。简而言之,关系营销就是需要把营销活动看成是企业与客户、供应商、销售商、竞争者及其他相关者互动并建立起长期、信任、互惠关系的过程。其目的就是提高客户满意度和忠诚度,同时为企业带来最大的客户价值。根据研究,争取一个新顾客的营销费用是保持一个老顾客费用的五倍,因此加强与顾客之间的联系并建立好顾客的忠诚度,可以为企业带来更加长远的利益,它提倡的是企业与顾客双赢的策略。[②]

4. 数据库营销

数据库营销指的是企业通过收集和积累会员(用户或消费者)的信息,经过分析

[①] BERRY L L, SHOSTACK G L, et al. Emerging Perspectives on Services Marketing [C]. Chicago: American Marketing Association, 1983:25-38.
[②] 王亚涵. 基于信息时代的新媒体营销策略研究 [D]. 山东:山东大学, 2009:1-65.

筛选后针对性地使用电子邮件、短信、电话等方式进行客户深度挖掘与关系维护的一种营销方式。[①] 在大数据时代，数据库营销的重要性毋庸置疑。当用户在企业网站、App 上进行购物或搜索时，企业事实上已经获取了顾客的相关数据。如果以建立一对一的互动沟通关系为目标，企业通过庞大的顾客信息库可以进行针对性的促销。数据库营销其实要建立一个系统，即能涵盖现有顾客与潜在顾客，并可以随时更新的动态数据库管理系统。

在传统的营销方式下，目标用户往往是一个群体，企业通过媒介来影响这个群体，从而向这个群体传播它所需要传播的信息。数据库营销方式出现之后，企业的目标用户不再是某一个群体，而是独立的个体。企业逐渐重视每一个用户，致力于提升每一个用户的满意度与忠诚度，每一个用户的消费潜力都可以被充分挖掘。数据库营销具有强大的数据分析能力，它能根据具体客户的消费行为特征、购买习惯、用户行为模型与及时数据预测用户购买需求。它不仅可以用来创建客户档案库，更能为将来的营销策略与促销手段提供准确的预测。可见，数据库营销是一种建立在现代化数字技术、互联网通信技术的基础上，通过数据的整理挖掘来建立企业与客户之间的实时互动沟通，从而使客户和企业均从中获益的营销方法。

（二）新媒体营销的内涵界定

营销指的是个人或企业通过发现以及挖掘潜在的准消费者的需求，打造自身产品并进行推广、传播以及销售的一种社会行为，它主要是通过挖掘产品本身的内涵，努力契合消费者的需求，从而让消费者深刻地了解该产品，进而产生购买的行为。

随着市场竞争的日趋激烈，营销主体不得不寻找各种有利的契机，使自己在竞争中处于更加有利的位置。新媒体与用户直接联结，为营销主体提供了更多主动的选择，因而许多企业将营销主阵地转移到新媒体上，新媒体营销由此成为企业整体营销战略的重要组成部分。简单来讲，所谓新媒体营销，指的是企业利用新媒体渠道开展营销活动，通过数字化、信息化、网络化等多种营销手段进行营销信息传播，实现盈利目的。如各类数字媒体、移动媒体及客户端参与市场推广的各种广告活动，都属于新媒体营销的范畴。

新媒体营销以互联网为基础，利用微博、微信、搜索引擎、短视频、直播及其他社会化媒体来嵌入企业营销信息，与广大用户群体建立直接关联。如我们经常可见的淘宝店铺直播活动，店主利用淘宝直播来吸引粉丝、展示商品以及开展打折活动，最

---

① 吴瑕，伊新. 浅谈移动商务在企业网络营销中的创新应用 [J]. 中小企业管理与科技，2011（13）：259.

后达到促销的目的。

（三）新媒体营销的特点

新媒体营销借力于互联网的发展，打破了传统营销的局限性，正是由于新媒体营销具有多元性、精准性、互动性及高效性等特征，帮助营销主体开创了更多的营销渠道和更灵活的营销手段。

1. 多元性

新媒体营销不拘泥于单一的营销手段与形式，可以借助文字、图片、音频、视频等各种形式在不同平台组合进行营销活动。多元化的载体以及移动端的普及，为新媒体营销提供了良好的发展平台，企业的营销信息利用新媒体平台能触达更广的用户。丰富的营销形式及手段，更能吸引用户的眼球，留下深刻的印象。新媒体营销传播途径丰富，能承载海量营销信息，已然打破了传统媒体的营销模式，使企业的商品营销更加具有创新性和吸引力，也在更高层次上实现了对消费者的消费需求的满足。

2. 精准性

互联网上的信息浩如烟海，信息冗余使得人们常常被信息噪音所裹挟，实现差异化营销要求企业以较高的成本透过庞大的信息找到自己的消费群体，大数据和算法技术能够根据消费者的浏览和消费习惯，做出精准的用户画像，有效挖掘用户需求，企业能够利用这些信息设计出更贴合用户需求的产品，并通过不同的传播渠道，开展具有针对性的营销活动，这有效地避免了资源的浪费。例如我们用手机打开淘宝搜索一些产品后，返回首页，首页下方的"猜你喜欢"会出现自己搜过的同类产品，企业可以利用这种方式将产品直接推送到消费者的手机上，激发消费者潜在需求，从而事半功倍。对于消费者而言，能将不同店铺的商品快速进行对比筛选，可以避免浪费更多的时间和精力，这正是新媒体营销人性化而又精准的特点的体现。

3. 互动性

传统营销强调的是单一的输出，缺少了用户的反馈环节，而新媒体营销使消费者在接受有效信息的同时，能够通过评论、点赞等形式，发表对商品或者企业本身的看法，这属于企业和消费者的良性互动。这种互动性一方面有利于企业做出更好的产品，树立良好的形象；另一方面对于消费者而言，他们能够在消费过程中维护自己的权益，倒逼商家生产出更合自己心意的产品。总体而言，这种互动性能够有效提高营销的效率及消费者的满意度。例如现在许多购物平台或者广告平台都开通了评论，购买了产品的消费者可以通过文字、图片或视频等形式最真实客观地展示商品的原貌，同时用户可以在评论中向其他消费者咨询产品使用感受等问题，潜在消费者能够通过这些渠道加深对产品的了解，这不仅是企业与消费者的互动，也是消费者与消费者之间的沟通。

4. 高效性

以往企业为了进行营销活动需要花大量的人力、物力和财力，例如贴宣传海报、建网站、举办各种活动，但成本高且效果并不理想，而新媒体平台能够有效整合资源，将受众集中在各个平台，企业可以在微博、贴吧、微信公众号等社交媒体上免费开设账号进行宣传活动，产品受到欢迎后，更有一些影响力较大的网民自主参与推广，进行口碑营销，这种开放式的营销模式犹如在给企业做软广告，不仅成本低廉，且委婉的宣传方式更容易被消费者接受。比如小红书 App 上有各种商品的笔记，网民在购买产品之前可以在小红书 App 上看看其他博主及网友对该产品的描述和评价，还可以通过评论区向其他人提问，App 会在笔记下方插入文中提及的商品购买入口，这使得企业的营销活动以及消费者的购买行为都变得更加高效。

5. 普及性

新媒体是在互联网的基础上诞生的，而互联网的飞速发展使其早已实现大范围的普及，并且已然成为人们生活中十分重要的一部分，这些先决条件使得新媒体的出现乃至被接受成了必然。新媒体的广泛使用为企业主积攒了大量的消费者，企业只要合理利用这些新媒体平台，与目标消费者建立联系，开展营销活动，就能够为企业带来不少的忠实消费者。例如现在几乎人手一部手机，手机移动端是新媒体信息的重要载体，手机的用户就是企业的营销对象，因此新媒体营销能够迅速普及，渗透在人们生活的方方面面，可以说，是新媒体的普及助力了新媒体营销的普及。

（四）新媒体营销与传统媒体营销的对比

1. 新媒体营销较之于传统媒体营销的优势

（1）传播效果最大化

相较于传统媒体的"一对多"营销模式，新媒体营销呈现的是"所有人"对"所有人"的传播。新媒体营销在一定程度上克服了传统营销传播范围小、营销方式单一、双方沟通困难等局限，其营销渠道由电视、广播、报纸等衍生为更具互动性和广泛性的社交媒体和 LED 广告等，营销信息的传播者和接受者均在这个体系内，这无疑加强了营销的广度和深度。借助新媒体平台的力量，原始的单向营销结构发展成为一种网状营销结构，营销活动产生的效果能够传递给每个最小的单位，最小的单位之间实现了相互沟通，使新媒体营销的传播效果实现了最大化。

（2）消费者信任感增强

在传统营销向新媒体营销转变的过程中，人们对品牌效应的追求转化为对企业品牌的信任和依赖。特别是依托社交媒体展开的新媒体营销，以人际信任、强关系网络为突破口，更易使消费者产生信任，而不单单是追逐品牌效应。新媒体营销主要不是借助传统的品牌效应来吸引流量，而是通过社交媒体、论坛等进行营销，与消费者建立情感关系，争取用户的信任，从而传递品牌营销的信息，增强营销的效果。

（3）内容为王，传播取胜

传统营销的核心是"渠道为王，到达制胜"，新媒体营销的核心是"内容为王，传播制胜"。传统营销关注的是广告的到达率，主要通过报纸和杂志的发行量，电视广播的收视率以及网站的被访问次数来体现。受众越广泛的媒体发布的广告可以得到越多的用户关注，这种营销方式成本高，传播的效果具有不确定性，企业无法衡量自己广告的影响力。新媒体营销依托新媒体平台开展，不仅关注渠道的质量，更关注营销内容的质量。那些充满创新价值的、实用性强的、易于分享的、包含情感指向的内容更有可能得到消费者的关注。与传统方式相比，这种营销方式通过社交媒体扩散，传播成本更低，更易为消费者所接受，传播效果具有可预测性。

（4）创意性更强

传统营销方式相对单一，报纸广告只能以文字形式呈现，广播广告只能以音频的形式出现，电视广告只能以视频形式出现，而新媒体上发布的广告不仅包括了文字、音频和视频，还能以超链接、H5、LED 等各种多元化的形式出现，它不仅在内容上有所创新，而且传播方式也比以前丰富，可以在受众播放电视、刷短视频以及浏览微博等情况下以字幕、动画或话题等形式出现。新媒体营销极大地扩大了广告的创意空间，丰富的营销方式和手段弥补了传统媒体营销创新的缺乏。通过新媒体这个介质，更多新元素与不同营销渠道得以排列组合，碰撞产生更多的创意，这对于整合营销传播有着十分重要的意义。

2. 新媒体营销较之于传统营销的劣势

（1）民间舆论场的复杂性

新媒体赋予了普通公民话语权，民间舆论场的诞生使得新媒体面对的公众舆论场更加复杂。在众声喧哗的时代，企业进行新媒体营销时稍有差错就可能成为人们口头讨伐的对象，因此企业在开展营销活动时必须更加谨慎，出现差错时要小心公关，根基不稳的企业在这场复杂舆论场中很有可能成为无谓的牺牲者。

（2）新媒体营销环境具有极高的不稳定性

新媒体营销环境比传统营销环境复杂，具有极高的不稳定性，一旦发生危机，新媒体营销的公关成本较高。新媒体营销的灵活性同时伴随着结果的任意性和不可控性，一旦出现不可控的情况，危机公关的难度将会更高。

三、新媒体营销环境分析

新媒体的出现给营销环境带来了巨大影响，主要体现在市场化和自由化程度进一步加强。新媒体营销打破了以往传统媒体点对面的传播模式，呈现出点对点传播的新局面，这在推动企业发展的同时也加剧了产品过剩，再加上受众需求的不断升级以及市场的变化，新媒体的营销环境逐渐显现出新的特征。

（一）从渠道垄断到渠道开放

传统媒体时代，媒体因占据稀缺的渠道而拥有营销定价的主导权。产品从开发到告知受众再到受众实现购买，需要较高的传播与营销成本，在广播电视、报纸杂志上投放广告成为最有效的营销方式。虽然不同媒体因其收视率、发行量的区别有不同的广告价值，但无论何种媒体，都因其渠道垄断占据着广告定价的主导权。多年前被热炒的央视"标王"，背后呈现的就是品牌对稀缺传播渠道的争夺，而"标王"的垮掉，无疑是高成本投放伴随高风险的体现。

随着新媒体时代的来临，受众用脚投票，当他们纷纷离开传统媒体时，广播电视、报纸杂志辉煌不再，渠道垄断被打破，取而代之的是多元化、低门槛的新媒体渠道。特别是微博、微信、抖音这类社交媒体平台的出现，使传播渠道更为开放，企业通过自身的微博、微信就可以有效地开展营销，由此造就了杜蕾斯等经典的微博营销案例。无论是大企业抑或是中小企业，都有平等的权利进行营销，只要有创意、有传播力，就有可能实施成功的营销，营销的成本也可以大大降低。

(二) 从被动接收到主动搜索

在传统媒体时期，传统媒体因其渠道垄断而占据强势地位，受众选择性弱，处于被动地位。而新媒体时代的受众可以自主选择所需要的信息，个性化的信息推送使受众由被动变为主动，受众拥有了自主选择权。

传统媒体营销活动自上而下进行产品输出，受众只能被动选择接收。这种单向输出的营销方式只是将同样的内容传递给不同的受众，没有办法考量受众的个性化需求，受众没有足够的自主选择空间，只能是媒体给什么，他们就看什么，主动权把握在传统媒体手中。互联网的出现打破了这种单向的传播，受众变成用户，他们可以自主选择需要的内容。无论是网站、数字电视，还是微博微信、App 客户端、快手抖音直播，甚至 B 站的弹幕文化，各种各样的新媒体平台，都可以进行针对性的营销传播。它们与传统媒体的最大不同就是善于利用技术手段来分析受众需求，通过个性化推荐满足用户要求。这也带动了用户的主动搜索行为，推动了个性化内容服务市场的形成。

(三) 从大众市场到分众市场

从传统媒体到新媒体，从面向大众到面向分众，它是媒体发展必然出现的结果。同理，从传统营销到新媒体营销，同样要适应这种市场环境的变化。

传统营销面向大众市场，产品缺少个性。只能不断增加营销费用，以求在竞争中胜出。但新媒体环境下成长起来的消费者，在注重产品质量的同时，越来越追求个性化，没有个性的大众化产品将很难获得消费者的欢迎。面对挑剔的用户，生产者不得不改进生产，争取满足消费者的个性化、差异化需求，并根据这些不同的需求进一步细分产品市场，借助新媒体平台，到达细分市场用户的终端。

(四) 从"渠道制胜"到"内容为王"

传统营销注重在主流媒体上投入巨资打广告，期待通过广告营销的不断重复来吸引客户，为此他们可以在某一媒体上一掷千金。这种渠道致胜的营销行为有其时代特性，但在新媒体传播环境中，面临多选择、多渠道的冲击，它已然不太适应。成长于互联网时代、习惯于电子产品的新媒体消费者们，其思想观念、阅读习惯、消费习惯均发生了变化，因此，"营销内容"的个性化、差异化开始凸显。所谓"内容为王"，强调的是以"用户思维"为出发点来展开营销活动。在进行营销活动之前应先对用户进行分析，发现用户在使用该类产品时的痛点，以及用户的真实需求，再以高质量内容＋高匹配度渠道＋高科技的形式，向用户传达产品的价值。

四、新媒体营销的主要平台

互联网将整个地球简化为"村落",将人们集中在各个平台,企业主若能将信息快速准确地传达给这些平台的用户,将使营销活动更加便捷高效。从社交平台到媒体客户端,从官方媒体到自媒体,它们都是企业进行营销活动的重要阵地。

(一)微信平台

我国微信用户量现已突破 10 亿。作为用户留存量最大的社交媒体,微信已成为移动端用户的必备应用,它不仅面向国内,还拓展到了海外。微信是一个综合性、多样化的移动互联网平台,它涵盖了社交、金融、游戏及生活服务等众多功能。对于企业而言,微信具有市场与工具的双重意义。企业常用的微信工具和资源包括:微信公众平台、微信个人号、微信群、微信广告资源。

1. 微信公众平台的功能界定

(1)移动端的入口

移动端较 PC 客户端最大的优势在于灵活性,企业以微信公众号为入口,在公众号实现注册、登录以及直接出售商品的功能,用户可以随时随地进入企业的信息平台。以肯德基为例,肯德基的微信公众号支持各种活动、自助点餐以及会员服务等项目,用户打开微信公众号就能随时随地进行消费。

(2)提供用户服务

品牌公众号大都自带服务或者联系客服的选项,用户无须去品牌所在地,或者通过打电话联系客服,而是直接在公众号内即可享受到其所需要的服务。例如用户打开肯德基公众号,点击 wow 会员即可参加会员积分、使用优惠券以及会员特权,而且在消息栏发关键词就可以得到相应的回复,这使得用户不需要去实体店便能享受到相应的服务。

(3)品牌推广

由于品牌公众号具有开放性的特点,用户无须关注即可通过转发分享的链接浏览公众号的部分内容。许多企业会利用公众号的这一特点进行品牌推广活动,借助各种转载、分享功能进行传播。例如我们常常可以在朋友圈看到好友转发"锦鲤活动",这种活动就是利用社会化媒体的自传播性,通过不同好友的圈层叠加来提升品牌的知名度,扩大市场。

(4)用户留存及转化

企业通过"发福利"或者投票等要求用户先关注公众号,才能进行其他操作,这是一种间接转换用户的做法，目的是吸引更多的用户关注自己的公众号，再通过公众号的运营，实现用户向消费者的转化。例如一些零食品牌会发放一些优惠券，用户必须关注公众号才能领取并使用优惠券，等用户完成消费后便升级为会员，促成持续消费。

2. 企业个人号的功能界定

相对大型企业而言，部分中小微型企业面向的受众较少，因此它们会选择开设微信个人号。个人号最大的特点在于能打破微信订阅号和服务号阅读率低、互动形式和消息推送次数受限等局限，直接与客户进行互动及沟通，这样既能拉近企业与消费者之间的距离，又能给消费者提供更精准的服务。

3. 微信群的功能界定

微信群可以作为用户运营和客户服务的场所，用户可以通过好友邀请入群，群内成员直接或者间接存在着在某种关系，相对黏性高，便于管理，且群主权限大，能保持群内信息环境的稳定。

4. 小程序的功能界定

微信小程序是一种不需要下载安装即可使用的应用，用户通过扫一扫或搜一下即可打开应用，相比以前的 App，小程序不占空间内存，在微信中下拉就可以直接打开小程序，用户能更加方便地享受企业提供的服务。

5. 微信广告渠道

（1）朋友圈广告

微信朋友圈开启了广告投放功能。微信利用自身的数据库，收集用户的浏览及消费习惯，再针对性地进行广告投放，用户点击广告即可到达企业提前设定的消费界面，这种广告方式实现了朋友圈广告的精准投放。

（2）广告专栏

微信公众号在推送的内容下方加入了广告专栏，受众看完推送内容后立马就会看见广告，广告的覆盖量与文章的阅读量能达成基本一致，企业在推送广告后还能对广告效果进行监测。

（3）文章推广

部分企业会利用微信公众号已有的名气与人气，在推送的文章中提及自己的品牌，其中夹杂着正面评价，这样阅读文章的粉丝就能够接收到这一讯息，有利于企业在消费者心中树立良好的品牌形象，激发粉丝的购买欲。

（二）微博

与注重私人互动的微信平台不同，以公开性为传播特征的微博平台已成为公众进行信息交流和公开讨论的首选平台。在用户方面，2022年6月1日，微博发布2022年第一季度财报。截至一季度末，微博月活跃用户数增至5.82亿，同比净增约2200万。在商业化方面，2022年第一季度微博营收为4.85亿美元，同比增长6%，其中广告营收达到4.27亿美元，来自移动端比例达到了94%。[1]这都预示着微博有强大的变现能力，对于企业而言这是进行新媒体营销的重要平台。企业利用微博进行营销的方式主要包括微博企业自主开设账号以及广告投放。

1. 企业官方账号功能界定

（1）品牌营销

微博作为社交媒体巨头之一，有着高度的开放性与互动性，传播速度极快，可以使品牌在短时间内达到宣传推广的目的，且能最大化地覆盖受众，因而微博是企业进行品牌推广的首选平台。

（2）用户留存与转化

微博提供的私信功能，使企业账号可以提供客服服务，用户可以直接在私信中将自己的需求或者意见传达给企业主，提升企业服务质量；微博与淘宝等平台达成合作，可以实现平台之间无障碍转换，用户无需重复打开页面，即可直接完成消费活动。

（3）监督功能

微博相对于微信具有更高的透明度，用户可以直接在评论中公开发表意见，其他用户也能看见这些评论信息，消费者在微博下方发表的差评能及时引起企业的关注，这个功能可以用来对企业行为进行监督。

2. 微博广告渠道

（1）广告模块

企业通过支付一定的费用，可以在用户的打开界面、关注以及话题等模块中插入广告，用户无法屏蔽这些广告模块。这类似于硬广告植入，传播范围大，但用户的接受效果可能会受到一定的影响。

---

[1] 傅勇.微博发布2022年第一季度财报[EB/OL].（2022-06-12）[2022-06-06]. https://jjckb.cn/2022-06/06/c_1310615262.htm.

（2）网红等意见领袖推广

企业主时常利用网红或其他意见领袖的知名度，让其发微博、转发广告或是联合起来举行抽奖活动，以粉丝买单及二次转发的形式进行，这种推广活动更加具有针对性和蔓延性。

（三）搜索引擎（360、百度、搜狐等）

搜索引擎营销（Search Engine Marketing，SEM）是利用搜索引擎功能来进行网络营销和推广的营销方法。搜索引擎是新媒体营销中的主要营销手段之一，它通过用户的访问来设置推广信息，这种营销方式既方便企业推广营销信息，也方便用户快捷寻找所需要的品牌信息或推广活动。百度推广就是这类营销的代表。企业通过用户检索的机会，可以及时、准确地向目标客户群体传递各种产品与服务信息，挖掘更多的潜在客户，帮助企业实现更高的消费者转化率。搜索引擎营销的主要模式大致可以分为四种：搜索引擎登录、搜索引擎优化、关键词广告和竞价排名。当然这个过程应该维护用户的知情权，而不能包装成正常网页进行诱导甚至误导。

（四）直播平台（淘直播、一直播等）

网络直播最大的特点是具有直观性和即时互动性，代入感强。企业利用直播宣传自己的产品，能使用户更加直观详细地了解企业及产品的具体情况，更具说服力，且在直播过程中，用户可以发表自己的看法，直接与直播者互动，便于双方建立信任感。直播平台的主要模式如下：

1. 推广直播

相对其他推广形式，直播推广具有成本低的特点。企业可以免费注册直播账号，进行品牌及产品的宣传直播。在直播过程中企业可以介绍产品、开展促销活动，在直播画面上插入购买入口，这样直播营销效果一目了然。由于直播无法进行后期加工，所有的画面都是实时传输的，更具真实性。

2. 网红直播

网红经济近几年一直是人们热议的话题，网红自身就具备很高的商业价值，因为他们相对于一般的网民更具有号召力，而且粉丝对网红信任度较高，他们在直播过程中推荐产品，可以充分挖掘其粉丝的消费能力。直播可以保留、转发，进行多次传播，因此，企业可以利用多次传播尽可能地扩大品牌影响力。

3. 线下互动＋线上直播整合传播

线下活动成本高、辐射范围小，只有在场的用户能参与互动，越来越多的企业在开展一些线下活动时，倾向于将活动进行现场直播，因为这样能扩大活动的参与群体，使未能到现场的用户也能参与到活动中，这种线上线下结合起来的整合传播能够扩大活动及品牌的影响力。

（五）短视频平台

如今我们生活节奏日益加快，碎片化信息越来越能契合受众的需求，短平快已经成为视频的发展趋势。短视频传播具有强视觉化的优势，其双向传播的过程具有很强的互动性、眼球性、热点性和舆论性，极易形成舆论爆点，感染到目标人群。目前短视频＋电商、短视频＋网综等形式正逐渐被越来越多的广告主所认可并加以应用。随着短视频的不断发展，短视频营销的形式也会越来越丰富。

1. 广告植入

短视频平台能够有效获得受众的注意力，譬如在短视频平台打开前插入 3~5 秒的广告，同时在用户观看短视频时插入一些字幕广告，用户点击字幕即可观看广告内容。虽然用户可以选择跳过这种广告，但广告已经触达用户了，因此这种类型的广告曝光度较高，适合于急需扩大知名度的企业及产品。

2. 内容营销

将产品信息植入短视频中，与短视频情景相结合，或者为了产品策划短视频内容，这种经过设计的广告内容相对于传统硬广，传播方式更加委婉，而且优质的广告内容本身对于受众就是一种吸引。受众往往更倾向于有创意、有内涵的广告，内容营销已经成为新媒体营销最重要的组成部分之一。

3. 策划活动

短视频平台一般都带有一定的社交属性，为了加强用户之间的黏性，平台会开设话题榜，用户可以参与不同的话题视频拍摄，企业也可以利用这些热门话题策划营销活动，例如抖音在自己的平台上，策划抖音美好奇妙夜的直播，生成话题让用户参与，达到宣传平台的目的。

4.品牌文化

大部分企业都有自己的品牌文化，这些文化对于受众而言也是一种吸引力。部分企业注册短视频账号，利用短视频平台展现员工日常工作、工作环境以及团建活动，如字节跳动公司在抖音上开设"字节君"账号，让员工参与最新话题，拍摄短视频，展现企业员工的工作热情以及轻松的工作氛围。

（六）自媒体平台及论坛

互联网的发展催生了一批自媒体平台。根据长尾理论，在使用除微信公众号以外的自媒体平台和论坛的受众中也潜藏着巨大的市场，一旦这些市场得到合理有效的开发，企业便能从中吸引不少消费者，因此自媒体平台及论坛也成为企业进行新媒体营销的重要阵地。

1.自媒体平台（不包括微信公众平台）

除了微信公众号之外，QQ公众平台、百家号、头条号、UC自媒体平台等这些平台也在企业营销中发挥着积极作用。这些平台的用户量和影响力虽不及微信公众平台，但企业通过开设账号运营，也能够扩大品牌曝光范围。不少自媒体平台依托于新闻客户端或门户网站等主体业务，具有庞大的流量基础，而且它们也是搜索引擎的信息源，能为企业的自媒体账号带去可观的流量曝光。

2.论坛平台（百度贴吧、天涯、豆瓣等）

论坛作为网友聚集，进行实时交流的平台，信息相对网页更为集中，而且论坛信息质量相对较高。与此同时，论坛的帖子可以作为搜索引擎信息出现，对于品牌而言，也具有一定的营销价值。

五、新媒体营销对市场的影响

（一）对消费者消费习惯的影响

根据CNNIC（中国互联网信息中心）发布的2022年第49次《中国互联网络发展状况统计报告》，截至2021年12月，我国网民规模达10.32亿，互联网普及率达73.0%。网民数量的不断攀升给企业营销带来了更加广阔的空间。新媒体营销因其互动性强、传播范围广、成本低等优势正逐渐成为企业最具有竞争力的营销途径，基于庞大的网民数量的新媒体营销突破了传统营销的时空限制，成为当前企业最常采用的营销模式。同时，作为大众消费品的智能手机消费量随着居民生活水平的提高不断攀升，网络支付方式的不断完善也对新媒体营销的发展起了推动作用。科技的发展推动了营销方式的变革，也推动了人类生活方式的改变，以新媒体为平台的营销方式对消费者的消费习惯产生的影响也越来越明显。

（二）对企业开展营销活动的影响

新媒体营销是依托互联网等媒介进行的一种营销活动，在进行营销时，企业需要不断满足市场需求，加强产品与市场间的联系，这就要求企业在进行新媒体营销时，应加强对市场的把控，灵活调整营销活动。

以小米手机为例，2010年小米手机首次出现在市场上时，面对的是竞争激烈的中国智能手机市场。为了向公众展示独特的企业形象和产品特色，小米公司将手机定位于"发烧友"，并通过网络展示小米手机的技术创新特色，从而锁定头部深度用户，获得了用户的一致好评。与此同时小米采取低价战术，抢占市场份额，将市场销售价格定为1999元，高性价比刺激了消费者的购买欲望，极具市场吸引力。在获得大量消费者关注后，小米手机充分应用饥饿营销策略，有意降低产品数量，延迟小米手机进入市场的时间，制造出供不应求的假象，以达到盈利的目的。小米公司在新产品发布之前总是会大力宣传，当得到大部分媒体和粉丝的关注后，才会发布新产品。小米公司非常擅长利用新媒体进行营销，这也是其获得成功的重要原因。

（三）对市场经济发展的影响

以往传统营销的传播能力相当有限，电视广告只能传递给看电视的人，广播广告只能传递给收听广播的人，传递方式单一。而在新媒体时代，企业能够利用新媒体将营销信息传递给更多的目标人群。以新媒体为载体的营销信息传播速度快，而且呈现的方式多种多样，市场的供需双方之间可以借助微信、微博平台直接进行沟通，提升沟通效率，企业也可以更好地为消费者提供服务，提高营销效率，提升营销回报。例如OPPO手机每次在出新品之前都会在微博上购买热搜，然后再辅之以地铁全面投放广告以及其他线上线下营销手段，将新产品信息传递给更多的目标人群，激发消费者的购买欲。事实证明，OPPO手机在年轻人中的知名度与持有度都比较高，这显然与其善于利用新媒体营销渠道进行推广分不开。

六、互联网背景下新媒体营销的新思路

作为适应互联网时代需求的营销手段,新媒体营销越来越成为企业的主要营销阵地,但在发展过程中它还存在一些问题,要想实现可持续发展,还需要把握创新态势,实现更快更好的发展。

(一)把握消费需求,创新营销理念

新媒体的发展促进了企业及产品的曝光,消费者可以随时随地接受营销信息,且能与企业实现双向互动,充分表达自身的意愿及需求。在此过程中,企业主首先应当加强对消费者心理及需求的关注,根据消费者的实际情况,实施差异化营销,以消费者为中心开展营销活动。其次是不断运用先进数字技术,丰富营销信息的表现形式,以文字+图片、文字+视频、H5、网剧植入等多种形式吸引用户,增加营销信息的传播渠道,不仅充分利用官方网站、社交平台,还要充分利用自媒体,将产品信息与自媒体传播的内容相结合,制成软广,这样更利于受众接受并信赖产品及企业。例如在网络综艺《明星大侦探》中,根据综艺情节需要,适时将OPPO手机作为搜证工具,使其出现在节目中,广告与节目内容充分融合,间接宣传产品,这样更容易达到营销目的。

(二)注重内容创意,增强用户吸引力

企业在利用社交媒体进行营销传播时常陷入复制推广的误区,这种方式简单粗暴,缺少创意,在信息过剩的时代里很难吸引用户。企业要充分利用好微博微信平台,加大对营销信息内容的投入和策划,注重内容创意,吸引消费者的注意力,使消费者对产品本身产生兴趣和购买欲,这不仅是营销成功的关键,也是营销活动顺利进行的第一步。比如杜蕾斯的微博文案经常被推上微博热搜,因为它的文案时常紧扣当下热点,甚至有时成为热点的源头,让微博用户津津乐道,他们的互相分享无形增加了品牌的认知度与传播力。

(三)整合营销资源,实现精准营销

企业在利用新媒体进行营销时应对营销资源进行整合,不同新媒体平台之间、新媒体和传统媒体之间都要保持紧密交流和互动,充分发挥各自的优势,这样才能提高消费者群体的覆盖范围,提高产品的吸引力和营销活动的效率。在进行广告投放时,应根据用户的需求,有针对性地投放,并根据用户的消费习惯进行适度推销,帮助用户节省时间,使购物活动更加高效。比如智能技术带来的智能推送、算法推荐,可以

通过精准识别用户的喜好，有针对性地推荐相关商品。例如淘宝的个性推送，会将用户最近搜索的产品放在首页底端，用户无须搜索即可浏览这些产品信息。

（四）尊重用户隐私，崇尚用户为本

在大数据与智能技术的不断发展中，保护用户隐私从未变得如此迫切。精准营销并不是企业无条件获得用户隐私的理由，用户隐私的过度曝光不仅不利于企业开展营销活动，更可能丧失用户信任。Facebook在用户隐私上就曾出现过问题，引发了企业的信任危机，我国企业更应当引以为戒，注重保护用户隐私。比如在获取用户的数据前应获得用户许可，如果用户拒绝授权，平台则不能开启推荐功能，应将是否透露消费习惯的选择权移交给消费者，而不是帮消费者做决定。要注意适度推荐，而不是反复强行推荐。要由用户自主选择是否浏览推荐板块，这种体贴式营销比强行灌输产品信息更能获得受众的信赖。

（五）注重多屏整合，实现跨界营销

在互联网的渗透下，传统媒体的地位逐渐被新媒体取代，但这并不代表传统媒体退出江湖。最新数据显示，由于过度泛滥地使用新媒体，导致部分消费者对其依赖成瘾，一部分人逐渐意识到了自己的问题，开始抵制沉迷网络，渴望回归到传统的消费模式中。由此可见，即使在互联网时代，传统的营销手段也不会完全被取代。

传统媒介时代，各媒介之间界限分明，各自为政。互联网环境打破了这种独立状态，各类型媒介相互依存，形成一个系统化、多渠道的传播平台。要做好新媒体营销，就要善于利用这种多平台媒介，以互联网思维为核心，融合多屏资源，发挥各自媒介的优势。这是跨界传播和多屏组合的现实需要，也为多种媒介的无缝对接提供了协同基础。多屏融合与跨界营销，使消费者游走于不同媒介传播渠道时，都能无障碍获得企业的营销信息。同时，企业也可以观测消费者的不同媒介活动，精确锁定消费者，传递企业信息，构建用户满意的优质服务环境。

（六）整合多样化新媒体营销工具，融入用户生活

新媒体是不断发展变化的，同样新媒体营销也是多样化的。借助互联网思维开展的新媒体营销创意无限，为企业创新带来了机遇。新媒体的快速迭代、受众的迁移以及企业营销策略的变化都有助于扩大和丰富新媒体的营销方式。企业通过新媒体营销模式的创新，一方面可以满足消费者的消费意愿和需求，另一方面可以激发和挖掘更多的潜在消费力量。

互联网改变了人们的生活，也改变了人们的社交状态。新媒体营销归根结底是借助新媒体与人们社交的融合，实现与用户的直接衔接，促进企业、消费者、社会的深层联系。无论哪种新技术的发展，都是建立在人的需要基础上的，只有满足了用户的需要，创建更加便捷、先进的新媒体营销体系才成为可能。作为新媒体营销的主要载体，社交媒体植根于人与人之间的相互联系与交往，购物只是生活的一部分。因此，要做好新媒体营销，还需加强对消费者日常生活行为的研究，使营销融入用户日常生活，拓宽营销视野，构建多元化的营销传播生态系统。

（七）虚实结合，线上线下打通渠道

互联网环境下的营销信息无孔不入，有时让人不堪其扰，有些信息被消费者当成垃圾信息屏蔽了。面对泛滥的信息，只有那些让人感觉真实可靠的营销信息，才能让消费者最终买单。虚实结合，线上与线下打通，才是建构这种真实感的有效依托。

新媒体的宣传以及销售，往往需要线下的服务作为支撑。快捷的物流和方便的实体店销售直接影响产品在线上的宣传效果，同时也在很大程度上决定着消费者是否发生购买行为。因此只有将线上线下完美结合，才能充分发挥互联网思维下新媒体营销的优势。

七、移动互联网时代新媒体营销走向

（一）短视频和直播营销持续增长

5G行业发展进一步推动了直播与短视频行业的变革，利用短视频和直播进行营销活动成了营销主的新选择。直播视频的曝光量是普通视频的六倍，疫情期间直接带货的火爆，也充分说明直播视频平台对于营销活动的重要价值。短视频和直播视频具有更好的分享特性，它可以通过网友的弹幕营造"天涯共此时"的消费氛围。李佳琦直播带货拍出上亿元的案例，充分印证了这一点。低价位的刺激、直播间的氛围、主持人的魅力等结合在一起，展现了营销原来还可以有这么多"玩法"。

至于直播内容，既可以直接带货，也可以直播线下的活动，让更多的用户参与品牌活动。同时，直播也非常适合帮助品牌进行产品展示和售前服务，这样可以让客户服务到达一个新的高度。

（二）营销内容趋于真实性和趣味性

与传统媒体相比，新媒体双向传播的特点使得用户之间互动性更强，有助于建立

品牌与用户之间的情感联系，这种情感的联系使用户对新媒体营销的接受度逐渐提高，但未来决定产品信息能否被有效传达给用户的依然是营销内容的真实性以及趣味性。营销内容的真实性有助于建立用户对企业的信任感，对品牌形象有着巨大的影响力。新媒体覆盖的用户主要以消费力强劲的中青年群体为主，趣味性能够帮助品牌从海量的新媒体营销内容中脱颖而出，并有效刺激中青年群体的购买欲望。因此，如何在保留真实性的基础上深耕内容创作，将是新媒体营销未来的发展方向。

（三）多渠道将使内容营销更加困难

新媒体为企业营销提供了越来越多的渠道，但渠道过于分散，受众资源也因此变得分散。新媒体营销的成本低并不意味着不需要成本，越是流量大的平台越难获得用户的注意，内容、流量、变现都需要企业投入成本，如何让用户在海量信息中关注品牌传播的内容呢？优质与个性化的内容，仍然是最有效的办法。通过创造有价值的内容来让受众自己找到品牌，而不是让品牌盲目寻找受众。

（四）语音搜索和人工智能将改变用户发现品牌和内容的方式

从智能音箱到电视再到手机移动设备，智能语音识别正被植入我们身边的所有领域。搜索引擎、购物平台、社交媒体等都有语音识别功能，可以响应并满足用户的口头命令。今后随着技术的不断发展，通过后台大数据预测消费者的潜在需求将不是难事，智能语音识别设备也将成为用户日常生活的一部分。随着语音识别设备的进步，可提供的内容和服务会不断增加，势必会成为企业营销的重要工具。当然企业还要充分做好准备，考虑内容的适配性，预测目标受众可能在社交媒体上查询的信息或内容，为用户的潜在需求设计一个全新的解决方案，这是利用人工智能开展市场营销的核心。

（新媒体营销相关解析视频请参考此链接：https://haokan.baidu.com/v?vid=1282512887200889 1054&pd=bjh&fr=bjhauthor&type=video）

课后思考题

1. 新媒体营销相比于传统营销形式，其优势与特点是什么？
2. 试举出一个你印象最深刻的新媒体营销案例，解析其特点。

第二章　事件营销

事件营销的雏形，早已有之，不论是街头巷尾的闲谈八卦，抑或是人们看着电视谈论时事，还是报童们的声声叫卖，这些都可以看作是以事件为中心展开的行为，算是事件营销的原始形态。互联网的出现，为事件营销插上了翅膀，它可以不受地理时空等各种条件的限制，营销效率与营销效果成倍提升。近年来屡屡曝光的一些事件，如"番茄炒蛋""斯巴达勇士""杜蕾斯套鞋"等，背后都有品牌公关营销的操作。从最初蒙牛借助"神五"一举成名到俄罗斯世界杯决赛前杜蕾斯的"法克大战"，事件营销无论从企业参与的数量与质量还是运作水平上看，都有了完善发展，成为企业进行品牌营销的常规手段。

一、概述

（一）"事件营销"的内涵界定

事件营销的概念起源，最早要追溯到英文单词 media events。在西方传播学家伊莱休·卡茨和丹尼尔·戴扬的《媒介事件》一书中就提到"媒介事件"（media events）这一理论概念。从此，商业领域的广告商、营销策划者们逐渐开始重视媒介事件的重要性与商业价值，当今社会，它已经发展成为全球各大企业间最为流行且行之有效的商品市场推广和公关模式，即现在所说的事件营销（Event Marketing）。

对事件营销的内涵，最早做出解释的是 Wilkinson，他在 1988 年正式对事件营销概念进行了定义，他认为事件营销是企业为了在一定时间内达到特定目的而开展的一次特定营销活动，一次性和即时性则是该定义中的两个重点。[1] 而随着时间的推移和社会的发展，事件营销的内涵越来越符合商业和营销学的观点，即事件营销是企业通过精心地策划、组织和利用具有新闻价值、社会影响以及名人效应的人物或事件，来吸引媒体和消费者的关注，形成营销热门，以达到提高企业和产品的知名度、美誉

---

[1] WILKINSON D G. The Event Management and Marketing Institute [M]. Willowdale: Wilkinson Group, 1988: 32.

度，树立良好的品牌形象，并最终促成相关产品和服务销售的营销手段。例如，可口可乐公司就曾通过对网络热点词汇的把控，迎合热词流行的势头，在网络词语流行时，推出了"卖萌"装可乐。这款可乐在瓶子上写着"分享这瓶可口可乐，与你的＿＿＿＿＿＿"。其中的内容有天然呆、白富美、喵星人、元气少女等十几种，有趣的创意，激发了 80 后、90 后的好奇之心。把握新闻的传播规律，依托热门事件制造商业价值，运筹帷幄，精心运作，让新闻消息快速传播，从而达到事半功倍的广告投放效果，这就是事件营销的魔力所在。

（二）事件营销的发展阶段

事件营销很早就产生并运用于美国，当时主要目的在于应对社会经济发展中的新变化。而整体来看，事件营销自 20 世纪初就开始萌芽发展，但直到 20 世纪末 21 世纪初才独立出来，成为重要营销手段。它主要经历了四个发展阶段。

1. 萌芽阶段。这一阶段的事件营销并不是系统的、科学的、有意识的，也没有完善的理论支撑，多为企业不经意的行为或借传统广告宣传等手段进行。然而正是这样的"无心插柳"，对企业的产品与服务、知名度产生了令人意想不到的积极影响。例如，广为人知的 1915 年的茅台酒事件，就是一次无心之举造就的经典事件营销案例。当时，国酒茅台在美国旧金山巴拿马万国博览会上并没有吸引到任何消费者的关注，工作人员便抱着尝试的心理将茅台酒打碎，扑鼻而来的浓浓酒香立刻吸引了大批展厅中的消费者，取得了出乎意料的营销效果，也改变了以往"酒香不怕巷子深"的传统认知观念。又如，海尔集团张瑞敏在 1985 年砸冰箱，以此让企业员工重视产品的质量问题。这一事件利用新闻宣传了企业的产品质量监管决心与力度，引起了社会轰动，同时也获得了消费者的认可，提高了产品的销售量，提升了海尔企业品牌知名度与美誉度。

2. 初步发展阶段。从 20 世纪 80 年代开始，随着我国改革开放的进行，国外的营销理念传入中国，企业开始有意识地学习借鉴，运用现代化营销手段来进行市场开发。促销、公关、宣传、广告等营销手段得到广泛运用。当时，企业主要依托社会有影响的正面事件来宣传自己的产品，效果也非常明显，企业的知名度与可信度都较以前得到了一定程度的提升。比如，健力宝通过赞助中国女排获得高知名度。在女排姑娘们夺得洛杉矶奥运会冠军后，其销量迅速上涨，获得了可观的利润。不过在当时，虽然企业对事件营销的重视度已经在提高，但是大多数企业的营销形式还停留于简单的赞助上，没有真正把企业和事件关联起来。

3. 高速发展阶段。随着科技的进步与信息技术的发展，互联网开始在社会中普及，这样就形成了事件营销的网络条件基础。网络让信息的传播速度与传播效果有了飞速发展，企业开始有意识地策划事件营销，周密筹备，设立明确的方案与目标，主动借助事件的影响力来宣传自己。其中的案例就包括2001年的农夫山泉"一分钱"行动、蒙牛集团借助神舟五号载人航天飞船成功发射这一重大事件打出了中国航天员专用奶的宣传口号。

4. 成熟阶段。新媒体的纷纷崛起以及无网不入的信息时代的到来，让事件营销成为企业常规的营销方式，形式与方法也出现多样化的态势。很多企业依托新媒体渠道，迅速捕捉社会热点事件，在事件营销中变得更加主动，而且具有一套缜密的营销计划。正是按照这种思路，在俄罗斯世界杯期间，华帝公司取得了巨大的营销成功。当俄罗斯世界杯来临时，华帝公司通过官方微博发布了一则惊人的消息：法国队夺冠，华帝退全款。同时还附上了相关文件照片与董事长签名、公司印章。消息一出，便立马成为热搜，人们在看这则消息时除了追热点事件之外，还抱着看华帝最终是亏是赚的心理。结果法国队夺得了世界杯冠军，华帝信守诺言立刻开启退款程序，相关的话题迅速占领各大媒体平台，华帝的品牌知名度与热度急剧飙升，随之而来的是销售额的增长。华帝公司的这次事件营销取得了巨大成功。当然，在这一时期，一些企业开始盲目跟风模仿，部分企业的效仿因为没有考虑自身实际情况，缺少科学、详尽的规划设计与布局，使得投入的大量资金"打水漂"，既没有提高企业知名度与产品销售额，又造成了亏损，最后只能接受失败的事实。

（三）事件营销的特点

事件营销以制造事件为最大卖点，通过事件与企业的关联，来推动消费者购买产品与服务。其主要特点如下：

1. 低成本与高回报

事件营销的形式通常是通过软文来体现。它利用当代先进的新媒体及网络媒体机器，将爆红的网络热门事件同企业捆绑并在社会中宣传出去，从而达到有效传播的目的，因此事件营销相较于传统媒体的广告投放方式成本要降低很多。事件营销是企业团队主动出击的、精心策划的活动，在热门事件的利用与文案编写及微博、微信等新媒体推送上几乎都是免费的，所以借热点为企业产品或服务造势不需要额外花销。虽然绝大多数的企业在进行营销或公关活动时会列出相应的媒体预算，但在当今新媒体时代，一件重大且火爆的热点事件得到传播的速度与力度同过去不可同日而语，主流媒体、自媒体乃至个人用户都会转发具有新闻意义、吸引眼球的社会热点。

相关研究数据表明：如果企业运用事件营销的手段而非传统广告宣传手段，那么它取得的投资回报率，约等于传统营销模式的3倍。事件营销为企业有效地提升了品牌形象与知名度，促进了企业产品或服务销售额的增长。热门事件的执行成本和营销宣传成本是事件营销中成本的两大主要构成，相比于传统的营销手段，事件营销更加依靠热点本身的火爆度与吸引力进行自发性主动传播，企业因此无需向媒体支付高昂的广告费用，节约了一笔巨大的开支。

2. 借助事件带动消费者浏览与接受

根据"广告教父"大卫·奥格威的调查研究数据，人们在空闲时间里更喜欢浏览普通信息与文章，有主动或被动浏览广告行为的人所占比例不足两成。广告同新闻信息相比，其表达性与文本内容的吸引力都较弱，而事件营销借助事件本身的热门性、话题性、独特性和创新性，更容易被消费者所接受，还可以进行再次传播。同样是在接收信息，消费者们更愿意去接收来自各种渠道的新闻，而不是盯着广告不眨眼。事件营销的目的就是将企业品牌的广告同热门事件进行融合，通过消费者对热点的关注，有效规避广告本身投放的风险，无形中将广告植入人们心中，从而达到一个理想的营销效果。

3. 营销效果不确定性强、风险性高

事件营销具有营销结果的不可控性和传播效果的不可控性。事件营销中植入的企业广告只是作为消费者对产品购买的一种参考而存在，它不一定能够直接推动购买行为产生一般来说，结果的不可预测性同受关注程度成正相关，这就要考验企业运作团队的备案与风险防控能力。事件营销对企业销售业绩是一把双刃剑，其产生效果的正、负属性和时间存在非常大的不确定性。

随着新媒体信息时代的到来，人们接触信息的渠道与方式都在多样化，同时人们也不再是被动的信息接收者，而是开始扮演传播者的角色。这使得事件营销具有非常强的话题性，网络互动性也得到了提高，由此带来的舆论不可控性也大大增强。事件营销多会伴随争议起步，每个人对每件事都有不一样的态度，消费者对热门事件和企业营销的态度有时会出现两极分明的情况，这就会使传播效果出现不可控性。如何充分利用新媒体在传播上的优势进行事件营销，最大限度规避风险，就成为企业在事件营销中能否取得成功的关键性环节。比如，在三里屯优衣库不雅视频事件走红网络期间，许多汽车、服饰、手机等企业都"搭顺风车"，将广告与事件结合，博取人们更多的关注度，甚至出现了低俗、无底线等现象，引来了网民的厌恶，最后非但没有为企业带来利润突破，反而损害了企业形象，得不偿失。

4. 传播速度快、范围广

一件普通的事情会随着时间的流逝，逐渐被人们所遗忘，而热门事件则可以给人们留下深刻的印象，保持较长的记忆，从而在社会上传播许久。过往以广告为主要形式的传统营销基本上不会发生二次传播的情况[①]，其传播范围不够广泛，造成的影响也十分有限，往往无法成为一个受人关注的新闻信息。但是通过事件营销，企业可以不断地去主动给策划后续事件，推动整个营销过程前进，同时利用新媒体创造出有价值的新闻，保持热门事件的影响力，以此较长时间地吸引消费者的眼球，达到营销目的。

5. 独创性与新颖性

大多数受众对具有感官和视觉冲击力的事件，如新奇、反常、变态等具有好感，事件营销正是基于当下最新最火爆最有广泛感染力的热门事件进行的企业营销活动，它可以为消费者带来焕然一新的心理刺激。在事件营销中，企业将时下最热门最流行的事件展示给消费者，因此它不会像传统的广告那样遭到消费者的反感，在创意广告并不多见的情况下，事件营销可以更多地体现它的独创性与新颖性，更有利于吸引消费者的目光，使消费者接受营销活动。

（四）事件营销的类型

随着互联网技术的发展，事件营销在新媒体平台的支持下，呈现出越来越多的类型，如果严格根据组织主体来进行分类，事件营销可以划分为借势营销和造势营销两大类。

1. 借势营销

借势营销是一种"搭顺风车"式的营销方式，它是指企业利用时下最具有热度和新闻价值的热门事件，将企业和事件关联在一起，再以媒体为介质进行产品或服务的宣传、推广、销售等各种营销活动。目前，借势营销是诸多事件营销手段中被企业最广泛运用的一种，相对于造势营销，借势营销投入的综合成本较低。新颖的广告植入

[①] 纪胜楠. 体育用品行业事件营销的营销策略研究［D］. 北京：北京体育大学，2019：20.

和产品宣传方式以及热门事件带来的效应使消费者在关注事件的同时，也把注意力放在了产品上。借势营销通过一定的创新性把消费者从事件诱导到产品中，提高了品牌关注度。例如，创维集团在营销中选择让国人骄傲的游泳健将孙杨和"洪荒少女"傅园慧作为代言人，借助他们在里约奥运会上分别表现出的拼搏精神与乐观精神，推出以"看我的"为关键词的系列主题广告，并在微博上推出相关的话题同网友们进行互动，一时间声势浩大。又比如七天酒店集团在七夕节的时候适时地推出"后会有7"的画报，把我国传统节日通过互联网与企业特性镶嵌在一块，并通过微博、微信等平台推广，刺激了消费者七夕期间住店选择七天酒店的行为。

2. 造势营销

造势营销指企业通过精心、周密的策划和组织，制造具有热度的事件来吸引公众的注意力，达到企业营销目的的营销方式。从中我们不难发现，它的营销形式与借势营销完全相反。简单来讲，造势营销其实就是企业自己制造出具有新闻价值和关注度的事件，借助事件显现出的传播价值和热度，以及媒体平台的支持，将企业的品牌和产品等推销给消费者。在造势营销中，企业处于主动的地位，它自主策划的热门事件完全同其商业目的一致，事件内容和营销需求高度统一，这就使造势营销具有企业在营销活动中自主性强，更有新颖性、创造力和说服力等优势。因此，企业的重心应放在关注策划事件本身具有的新闻价值和可能存在的负面影响上。新闻价值和事件热度密不可分，它决定了事件能否成功吸引消费者的注意力，而潜在的负面影响可能会导致品牌好感度的下滑。比如，2018年，在天猫618购物节期间，天猫联合其他一些品牌商家在微博上推出了一次抽奖活动，相较于以往直接在微博内容中相互@的方式，这次合作商家的展示和礼品设置都在评论区进行，这就扩展了参与活动的商家渠道，增加了商家数量。随之而来的是奖品奖金的不断增加，活动曝光度持续飙升，为618购物节营造了浓烈的氛围。

二、事件营销的策略

（一）牢牢把握新闻价值要素，精心策划热点新闻事件

事件营销的核心就在于企业通过把想传播的广告信息植入精心策划组织的热门新闻事件之中，来引起社会公众的密切关注和各个媒体的报道，从而达到宣传企业产品，提高企业品牌知名度的目标。这样不但能能规避传统营销模式惹人厌恶的缺点，引发公共舆论，还能节省一大笔广告开支。所以成功掌握事件营销的手段，是企业在当今

这个消费者对广告嗤之以鼻的时代赢得市场的关键。

在事件营销中，对于事件的选择、策划和组织实施，一定要提前评估新闻价值的要素，以保证事件传播的热度和效果。第一是时效性。新闻重在一个"新"字，借势营销一定要以快速的反应来搭上热门事件的"顺风车"，造势营销则要寻找到企业和事件之间的契合处，在事件中适时而又恰当地植入广告信息，才能将事件的热点和企业的目标高度融合，产生良好的营销效果。第二是重要性。只有影响程度大、范围广的事件，才能引起更多的人关注，带来高曝光率。第三是显著性。企业在事件营销中要保障事件主体的知名度，通常会选择名人、大事等。第四是真实性。在事件营销中，不管是借势还是造势，事件都要客观真实，不能凭空捏造假新闻。第五是趣味性。企业可以运用多元化、多层次的方法，通过不同寻常的手段增加事件的新闻价值。第六是接近性。身边发生的事情比远在天边的事情对人的影响要更大，人们的购买需求也是从自己的生活出发的。

（二）以品牌传播为核心，精准定位事件价值

在进行事件营销前，企业必须明白自己是为了实现既定的营销目标而进行营销活动的，如果只关注事件造成的影响就会本末倒置。企业的营销目的就是要宣传自己，提高品牌知名度和美誉度，促进产品或服务的销售，因此在进行事件营销时要提前找准事件的价值品质，将企业的核心、文化、精神与价值同事件的价值品质高度结合在一起，如果相关性不强，则很难激起消费者的购买欲望，影响到销售计划。

企业在策划和组织实施事件营销时一定要以品牌传播为核心，在事件的依托和建构上要符合企业自身的品牌文化价值观，将企业希望传递的信息巧妙植入热门事件中，引起媒体的广泛报道、受众的大量点击阅读和消费者的购买兴趣，增强消费者对企业品牌的了解，提升消费体验。

（三）树立创新意识，加大创新力度

"铁打的市场，流水的产品"，在更新换代如此快节奏的现代社会，要想在残酷的市场竞争中拥有一席之地，打造一个被消费者持续喜爱的知名品牌，必须进行持续的创新，将粉丝牢牢吸引住。创新是全方位的，包括事件创新、研发创新、管理模式创新，等等。首先，任何一个热点都会随着时间的流逝淡出人们的视野，唯有使人为之一振的事件，才能像展翅的雄鹰翱翔世界。企业要不断创新，打造符合潮流和消费群体需求的新产品，才能占领市场。其次，相同性质的产品无法长期获得消费者青睐，企业要加速创新研发，推陈出新。例如，安踏公司通过定期为旗下的NBA球星克

莱·汤普森设计新一代战靴来进行产品的升级换代，保持品牌对汤普森及广大篮球球迷的巨大吸引力，维持品牌市场竞争力。此外，企业还可以从管理制度、模式等方面寻找切入点，建立创新奖励机制来激励员工，打造品牌创新团队。

（四）重视媒体的影响力，积极提高舆论宣传效果

在信息时代，经媒体重点报道的新闻事件，会在公众心中留下深刻的印象。因此，企业要重视和学会运用媒体的力量，把包装后的热门事件和企业信息传递给媒体平台，通过媒体将这一热门事件进行集中报道，使其成为公众视野中的焦点。营销中的重要环节在于推广，企业需要制定科学且行之有效的舆论宣传策略来提高整体的宣传效果。除了依托传统主流媒体的报道之外，新媒体的影响力是绝对不容忽视的。相比于传统媒体，新媒体的受众更多更广，传播效能更高。其中以微博、微信等为代表的社交媒体需要企业引起重视。

社交媒体指的是现在公众彼此之间用来浏览信息、发表观点和互动讨论的媒体平台，如国外知名的脸书、推特以及国内的微博、微信等。所有的网民都可以在社交媒体上浏览、评论、发布信息，然后转发、传播、互动。借助社交媒体进行事件营销有两个优势：第一，社交媒体拥有着最广的受众群体，由此保证了事件传播的范围与体量；第二，社交媒体具有自发传播的特点，每个人只要点击一下转发就可以将事件传播出去，提高了传播效率。利用强大的社交媒体，企业在进行事件营销的时候可以大幅降低运营成本。另外，社交媒体还可以让信息持续发酵，即使热门事件已经告一段落，但凭借着其互动性强的优势，可以在网络中持续传播发酵，不断推动和延续营销效果。

值得注意的是，社交媒体是一把双刃剑，信息在网络中的传递具有不可控性和风险性，因此企业在借助社交平台进行事件营销的同时也具有风险和挑战，如果企业缺乏前期的充分准备策划工作，没有长期的消费者基础和口碑积累，仅仅简单依托一阵风似的热门传播，既难以推动消费者产生较强的消费欲望，又可能会对企业本身的形象造成负面影响。

（五）做好市场预期工作，强化营销风险控制

在市场经济条件下，企业的任何营销活动都要建立在对市场的充分科学评估与预测上，这样才能发挥事件营销的最大效能，占据主动，有的放矢。在进行营销活动之前，企业必须做好完善的市场调查工作，了解市场行情，掌握消费者对企业产品和同行业产品的消费度，抓住适当时机，精准投放广告。

另外，事件营销本身就具有一定的风险性和结果不确定性：事件营销虽然能通过

网络让事件信息迅速蹿红，将广大受众的关注点都集中到企业身上来，但它也有可能会产生负面影响，企业和产品的知名度在扩大的同时，却造成了公司形象和美誉度的暴跌。比如杜蕾斯和喜茶在2019年4月19日联合做了一次"4·19"活动营销，由于419在英文发音中有一夜情的意思，因此这次的广告文案被网民斥责为低俗不堪，造成两家企业美誉度下降。

三、事件营销案例解析

（一）淘宝天猫点燃"双十一"购物狂欢

若论新媒体营销中最为成功的事件营销，"双十一"购物节必然排在首位。

11月11日被称为光棍节，这一节日既非土节也非洋节，它诞生于20世纪90年代高校的趣味文化，其后又随互联网盛行于年轻人中间，可谓网络文化的代表之一。2009年，当时的淘宝商城借这一天进行促销，起初本是想借安慰单身青年的噱头促动产品销售，但当时在参与商家、产品及促销力度都非常有限的情况下却获得了远超预期的销售额，造就了经典的事件营销。于是每年的11月11日便成为淘宝天猫固定的网络促销节，而且营业额逐年疯狂增长，由此催生出互联网最具影响力的购物狂欢节。2021年天猫"双十一"购物节的最终成交额是5403亿元，再破纪录。这一由阿里巴巴创造的购物狂欢节，不仅成为中国消费者的大事件，还拓展到全世界，吸引了众多海外消费者。

淘宝天猫已经成为中国人网络购物的首选平台，其中各式各样的店铺应有尽有，商品琳琅满目，商家间的竞争非常激烈，在"双十一"期间更是进入白热化阶段。许多商家都会在"双十一"来临前的几个月就开始造势，推送折扣活动信息，比如：收藏店铺即可获得现金券、3件商品折上再7折等活动，按照活动方案操作，一件原价599元的品牌T恤最后可能到手价不到300元。多种优惠方式与商家主动借助"双十一"推送广告相结合，使商家可以吸引更多的消费者，增加网店流量，提升品牌知名度。在"双十一"期间，为了取得最大限度的营销成功，每个商家都会依托淘宝天猫打出各种各样的促销方式，如满减优惠活动、领券优惠、付订金立减售价或直接打折等，将消费者的注意力牢牢吸引在这里。同时，淘宝天猫不仅在自己的官网和App中进行活动的造势和宣传、推广，还充分利用新媒体优势，在微博、微信等社交媒体平台中大力推送活动信息，发起互动，让网民积极参与其中，充分调动消费者的积极性，为"双十一"网购预热。

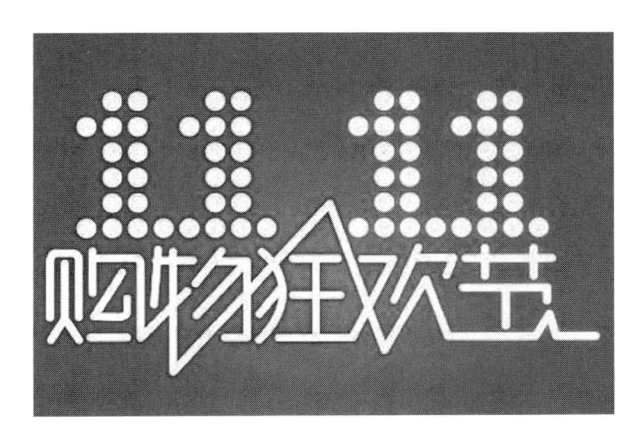

图 2-1　11.11 购物狂欢节

淘宝天猫在"双十一"事件营销中的成功，是多种因素造就的：

1. 淘宝天猫定位准确

营销活动以爱上网的年轻人群体为主，同时兼顾不同年龄、职业的各类人群，再运用算法，为消费者推荐其经常浏览的商品类型，省去了人们繁杂的搜索过程和去实体店扫货的时间，符合当代快节奏生活的潮流。在每年"双十一"消费群体中年轻人占据主力军地位，销售额最高的也是年轻人青睐的品牌。以耐克、阿迪达斯、安德玛等为例，通过"双十一"对其品牌产品，特别是明星款产品推出打折促销、领券满减、组团折上折等活动，较大幅度地降低了售价，吸引粉丝抢货，取得"货一售罄，资金大赚"的成果。

2. 公司实力保障产品数量与质量

淘宝天猫上的商品可谓应有尽有，"只有你想不到，没有你买不到"，同时淘宝天猫通过知名商家旗舰店的入驻，解决了消费者担忧网购商品质量的问题。如果想购买如加拿大鹅、supreme 等国外商品，还有海外购为消费者服务。另外，淘宝天猫是属于阿里巴巴旗下的平台，阿里巴巴集团有着优秀的营销团队和强大的公司实力，每个流程都有着充分的保障，这是"双十一"购物节成功的一个重要因素。

3. 重视新媒体的力量

每次"双十一"宣传造势，淘宝天猫都非常注重新媒体力量，无论是商家还是淘宝天猫自身，他们都会在"双十一"活动期间通过社交平台，病毒式扩散各种优惠活动信息，同时发起抽奖、免单等活动，持续调动消费者的热情和积极性。从节前的数月到"双十一"结束后的返场，淘宝天猫每天都在打造不同的活动。独特地捕捉事件的眼光和科学成熟的营销运营，打造了经典的"双十一"事件营销案例。

（淘宝天猫双十一营销案例视频请参考此链接：https://www.bilibili.com/video/BV1XE41167jd）

（二）杜蕾斯铸就事件营销佼佼者

杜蕾斯是全球知名的两性健康品牌，诞生于1929年，名称起源于三个英语单词的组合：耐久（Durability）、可靠（Reliability）、优良（Excellence）。目前，杜蕾斯品牌商品在全球150多个国家均有销售，并占据了40多个市场的领导地位。随着社会的进步，人们的性观念逐步开放，杜蕾斯已经开始从避孕套销售品牌发展为涵盖性生活、性教育、性健康等多方位的两性健康品牌。

杜蕾斯于1998年正式进入中国市场，2010年进驻微博平台进行互联网营销。无论线上还是线下，杜蕾斯通过大胆的营销手段使得品牌受到热捧。2011年北京大雨来袭，杜蕾斯抓住这一重大天气事件，推出"雨夜套鞋"文案，让自己的这次事件营销成为一个经典案例。

杜蕾斯的事件营销，策略关键如下：

1. 公司营销团队嗅觉敏锐，及时借势重大突发事件

2011年6月23日，北京地区突降暴雨，给人们的出行和生活造成了巨大影响。杜蕾斯营销团队敏锐地捕捉到人们对这一天气状况的关注，先通过员工个人微博发布"今日北京下雨，幸亏包里有两只杜蕾斯"的信息，并配上一组用杜蕾斯套鞋的图片。微博发出后在短短几分钟内就被转发破百，杜蕾斯官方微博见状立刻进行转发，当晚就取得了总转发量5万余的效果，成为当日的微博热点头名。在接下来的时间里，杜蕾斯团队借势进一步推动传播，使该微博的转发量突破了惊人的9万次，名声大振。"雨夜套鞋"事件也成为杜蕾斯事件营销的经典案例。这一案例在2012年被评为"最具代表性的社交网络营销事件"之一。杜蕾斯在营销活动中不断探索，追求更加符合时代特点的手段，其事件营销水平已经处于佼佼者的地位。

2. 善于把握受众群体的特点，精准塑造品牌形象

杜蕾斯产品的使用者，大部分为青年和中年人，他们大多是互联网的用户。杜蕾斯公司以新媒体社交平台为依托开展花式事件营销，代表作是其极具创意和诙谐、暗喻的海报、文案、图画。同时，杜蕾斯还利用先进的互联网技术，用直播等形式进行产品推广。此外，杜蕾斯公司始终坚持公益事件营销，将企业以一个有爱的形象展现在消费者面前。

图 2-2　杜蕾斯创意海报

3. 紧靠焦点，"脑洞大开"

2018年的俄罗斯世界杯，再次让杜蕾斯的事件营销本领为世人所见识。赛事小组赛第一轮，哥伦比亚同日本的比赛中产生了本届杯赛的第一张红牌，杜蕾斯便在微博上发送了一条"#第一张红牌#这时候别用手"的文案并配上一张手持红色包装的杜蕾斯避孕套的图片，将哥伦比亚队员因手球染红、裁判用手出示红牌和产品密切关联起来，既反映了球赛的内容又展示了产品特征。在整个俄罗斯世界杯期间，杜蕾斯紧抓每一个热门事件，推出了多个令人赞叹的营销，并在决赛法国对阵克罗地亚的当晚以一个"法克大战，舍我骑谁"完美地结束了借助世界杯赛事的营销活动，给人们留下深刻印象。

（杜蕾斯营销案例视频请参考此链接：https://v.youku.com/v_show/id_XMTQzMTA0MTA4NA==.html?spm=a2h0c.8166622.PhoneSokuUgc_1.dscreenshot）

课后思考题

1. 什么是事件营销？它有哪些特点？
2. 如何策划一场事件营销？

第三章　口碑营销

"口碑"一直以来是被商家重视的词，无论是在口语时代，还是在现今的媒介化时代，一件商品口碑如何，人们都格外重视。所谓"金杯银杯不如消费者的口碑"，"好事不出门，坏事传千里""交口称赞""有口皆碑""众口铄金"等民间俗语都彰显了民众舆论的力量。在互联网还不普及的年代，我们买到质量不好的产品最多和身边的几个人抱怨一下，更多的消费者无从得知。现如今，你在网上购买商品、点外卖商家都会以各种方式请求你的好评，因为你不仅能让身边的少数几个人知道商品到底好不好用，还可以在社交网络上发表自己的评论让远在千里的他人都知晓。

2015年，蚂蚁金服和阿里巴巴共同创办的互联网本地生活服务平台就以"口碑网"命名。该网站能让顾客针对商家的服务与产品发表评论并进行分享，是典型的口碑传播，而商家也可以发布各类促销信息，进行口碑营销，开展电子商务。同类型的还有大众点评网，它们都是依靠消费者口碑来进行运营的O2O平台。口碑营销如今是互联网时代最受青睐的营销方式之一，它的魅力究竟在哪？本章主要介绍口碑营销的概念、特征、发展阶段以及运用口碑营销的一般策略，并举具体实例来探究其成功之处。

一、概述

"口碑营销"是时下最受欢迎的营销方式之一。大众口碑传播有高可信度、高影响力的特点，它比传统的广告更有说服力。互联网更是让口碑营销真正地插上翅膀，飞到了各个消费者心中，让消费者自掏腰包来购买商品。以互联网为载体的口碑营销传播范围更广，传播速度更快，互动性更强。因此，如果商家运用一定的传播策略再搭上社交媒体的快车，口碑营销的魔力就会显现出来。

（一）口碑营销的内涵界定

口碑在《辞海》中的解释为："比喻群众口头上的称颂（称颂的文字有很多是刻在碑上的）。"给出的例词有口碑甚佳、口碑载道。可见，口碑这两字和口头传播息息相关并且带有褒义，好的事物才有口碑。到了电子媒介的时代，出现了网络口碑的概念。与古老的传统口碑口口相传不同，网络口碑是以文字、图片、视频的形式表现的，它既可以是一对一的单项交流，也可以是一对多、多对多的沟通。

简单来说，口碑营销就是利用消费者的口碑来做营销的一种方式。本书综合了诸多学者和专家的定义，试着给口碑营销下了一个定义：口碑营销，一般是指营销商或者营销人员在消费者对商品满意的基础上，通过一定的营销手段，使消费者自发地向亲戚、朋友推荐商品，通过这种非正式的人际传播来促使其形成购买决策的一种营销方式。

口碑营销将消费者看作"义务宣传员""免费咨询师"，这大大节省了商家的广告成本与人力资源，这种营销方式获得了许多企业的青睐。口碑营销在线下主要靠口头传播，在线上则通过社交关系连接的社交网站来进行。一传十，十传百，呈现裂变式扩散，在国外也把口碑营销称为"蜂鸣营销"（buzz marketing）。

（二）口碑营销的特征

1. 互动性

口碑是源于消费者使用产品后认为自己的需求得到了满足，并有强烈的欲望将产品推荐给他人而产生的。口碑营销则是通过消费者的相互交流将自己的产品信息或者品牌传播开来。这当中，就有一个消费者相互沟通、交流的过程。非正式的人际传播，是社会生活中最直观、最常见、最丰富的传播现象。[1]两个人面对面地谈话，辅之以表情和动作，或是打电话、传递电子邮件、线上聊天，你一句我一句。双向性强，反馈及时，互动频度高。这样频繁的互动使消费者能够掌握产品信息，了解除自己以外用户的使用感，并为消费者提供了一个参考性的意见，便于他们消费时进行选择，而不仅仅是依靠商家一味的介绍和推销自家产品的单方面的传统广告。

2. 接近性

口碑营销不像其他的营销方式，企业高高在上，强制性地向消费者灌输产品信息、品牌形象。口碑营销是消费者自发地分享使用心得，交流产品使用感。消费者不像专业的广告公司或夸夸其谈的营销人员，用华丽的语言或者夸张的语气来推销自己的商品，而是说出他们最真实的感受。不会给消费者留下"王婆卖瓜，自卖自夸"这样的

---

[1] 郭庆光. 传播学教程［M］. 北京：中国人民大学出版社，2001：71.

印象。人作为群居动物，天生爱分享，分享被看作是一种自我实现的行为。大多数的人愿意和亲近的家人、朋友、亲戚分享他们喜爱的产品，二者在文化、观点、意见以及价值判断上相近，又没有经济利益上的关系，可以说他们在传播信息时传受双方处于一个十分平衡的状态，受众对于信息的接收也更为有效。

3. 可信性

著名咨询机构尼尔森曾出过一个《全球广告品牌信任报告》一书指出，朋友推荐的信任度最高，达到 92%，亚太地区更高达 94%。相比于那些发布在广播电视、报纸杂志上的广告，来自朋友推荐的产品用户信任度明显提高，转化率会提升 50%，可见，朋友推荐对于新用户的增长意义非凡。

口碑是在消费者使用产品之后感到满意的情况下口口传播才形成的，没有好的用户体验就不存在口碑一说。在口碑营销中，营销商们会使用一些必要的营销方法和手段来推动消费者们口口相传，达到"众口铄金"的效果。但是此种营销手段仍是以消费者为主体来进行传播的一个过程，消费者代表了一个非利益关系的角色，容易建立信任。"金杯银杯不如顾客的口碑""大家好才是真的好"都证明了消费者口中所言的口碑是真实可信的。

（三）口碑营销的分类

1. 传统口碑营销

传统口碑营销是指在现实生活中，消费者通过口口相传的方式将消费经验、品牌信息分享给周围的亲朋好友，促使他们自发对商品进行消费的一种营销方式。传统口碑营销强调人们面对面的交流，口口相传，没有互联网的介入，是一种相对古老的营销方法。这种营销方法由来已久，在还没有大众传媒的时代就已经存在了。在当时，商家可能并没有想到要通过消费者的口碑来营销，而是专心做好自家的产品，自然而然就收获了消费者的好口碑，一传十，十传百，商品得以售出。那个时期享有盛名的店铺、品牌，都是老百姓们口口相传的结果。

2. 网络口碑营销

网络口碑的概念由网络口碑研究和咨询公司 CIC 公司提出，网络口碑营销用 IWOM 表示，即 Internet Word of Mouth。"公司或消费者（合称网民）通过论坛（BBS）、博客和视频分享等网络渠道和其他网民共同分享的关于公司、产品或服务的文字及各类多媒体信息。这些讨论相应的传播效力会影响到这个品牌、产品及服务的信誉度，也就是网络口碑，从而也会在某些方面对其生意造成一定影响。"[①] 简言之，网络口碑营销就是以互联网和移动通信为技术背景的口碑营销。它是企业或者商家有意识的一种营销策略，以消费者的口碑为基础，附着一定的传播策略，最终以吸引消费者购买为目的。

二、口碑营销的策略

（一）策略

1. 挖掘"口碑传播者"

在 20 世纪 50 年代，拉扎斯菲尔德和卡茨（1955）在进行人际影响的研究时发现，口碑传播的影响力比其他任何其他推销方式都有效，其效果是人员推销的四倍，比广告媒体的影响力则高出七倍，消费者在进行产品选择时，受到使用某一品牌的口碑影响是主要因素。[②] 由此可见，可信的"口碑传播者"对于口碑传播的重要意义。

口碑传播者是口碑营销的起点，口碑传播者的角色设定十分重要。产品所属公司的员工、粉丝、供应商、经销商、普通消费者哪一个才是口碑传播者的最佳人选？大多数的人的意见为"主流消费者"。真正的主流消费者是一个乐于并擅长进行口碑传播的人。这一人群首先要从公司员工开始培养，其次就是产品的忠诚用户，最终过渡到主流消费者。因为具有购买力的人是人数众多的主流消费者而不是那一小部分的忠实粉丝或者公司员工。

2. 充分利用社交媒体，塑造良好口碑

好的产品不一定拥有和它品质相一致的口碑，例如微软作为以"研发投入为生命力"的科技类消费品行业的领导者，在塑造口碑上却没有苹果公司做得好，除了专业的科技人员知晓他们新产品的内容外，主流消费者很少得知。

每当苹果发布一款新 iPhone 或 iPad 产品时，往往会成为美国大多数报纸或网站新闻的头条，甚至成为人们坊间议论的热点。在中国，只要是苹果公司有新一代的 iPhone 手机发布，就会引起微信朋友圈、微博的纷纷热议，甚至霸占头条，而其他品牌似乎并没有引起如此大的动静。由此可见，在产品生命周期初期的口碑营销是产品

---

① 张瑞. 从传播学视角看网络口碑营销［D］. 北京：北京印刷学院，2010：3.
② 杭丽芳. 社区电商小红书的口碑营销研究［D］. 昆明：云南大学，2016：2.

口碑建立的关键阶段，它将决定产品的"口碑定位"。卓越的产品是前提，而好的营销方案会让产品更加出彩并广为人知。

截至2021年12月，我国网民规模达10.32亿，微信朋友圈等即时通信用户使用率规模达97.5%。消费者的触媒环境已经改变，用户更倾向于通过社交媒体来传达和接收信息，消费者的关注点在哪里营销就要做到哪里。商家在开展口碑营销的过程中，要善于利用社交媒体用户生产信息的特性，倾听消费者的声音（正面的与负面的），及时改掉缺点与不足，创造消费者真正需要的产品。还要学会讲能够引起人们共鸣的好故事，利用人际传播的特性，建立信誉与好感，赢得品牌口碑。

3. 制造话题以及用户参与感

口碑营销要让消费者有话题可以讨论，营销者要在产品身上找出能够吸引消费者参与讨论的因素，引起消费者的共鸣，造成"疯传"效果。比如2019年暑期档电影《哪吒之魔童降世》意外成为黑马，票房突破41亿，登顶中国动漫票房第一，而且每个到影院看过的人都赞不绝口。这就是一种典型的口碑营销。电影讲述了一个与传统故事大相径庭的哪吒故事，一开始吸引许多人去观看，"我命由我不由天"的精神让观众产生共鸣，动漫制作的精心精美也让人看到制作方的用心，观众看过之后都会互相宣传，成为"自来水"。在这种良好口碑的推动下，电影正式上映时票房"一发不可收拾"，各种微信朋友圈、微博、新闻等铺天盖地的好评，营造了一种不去看电影就感觉落伍的群体氛围。在"好评如潮"的强大人际口碑传播之下，越来越多的人想一探究竟，由此推动了票房节节攀升。

口碑营销不仅仅局限于引起消费者的共鸣，任何流行的因素都可以作为话题让消费者参与讨论。近年来，网红餐厅、网红奶茶以及各种网红品牌的出现大多数是依靠口碑营销策略获得了成功。以喜茶为例，它是2017年网红奶茶的代表。统一风格的店面装修、独特新颖的茶配方、精致的包装还有永远排不完的队伍让它在奶茶界声名大噪。大多数的人买到一杯喜茶，第一个想法并不是喝，而是拿出手机拍一张手捧奶茶的照片发布到自己的朋友圈。这是因为，一是人自身的炫耀心理作祟，买到了并不那么容易买到的"稀有产品"要拿来炫耀一番；二是喜茶抓住了消费者的分享欲望，让消费者有话题可以向身边的人分享和谈论。

4. 追踪消费者的口碑

以前的消费者通过大众媒体来获取商品的信息，现在则是乐于在互联网上，更确切地说是在社交媒体上通过搜索用户对商品的评论来获取信息。人人都可以在互联网上分享商品的使用心得与体会，海量繁杂的信息使商家很难捕捉到自己所需的信息。因此，追踪消费者口碑这个关键步骤必不可少。在社交媒体上追踪用户评价，不仅仅是追踪好的评价，更要追踪坏的评价，并通过相关措施进行弥补。以"饿了么"外卖平台为例。有些餐厅在得到消费者差评之后，会第一时间对消费者做出相关补偿，比如免去此次的餐费、送代金券等，及时制止负面口碑的进一步传播。

（二）口碑营销的实施过程

著名广告公司电通曾经提出过"AISAS 模式"，即 Attention（关注）—Interest（兴趣）—Search（搜索）—Action（购买）—Share（分享）。它有助于我们更好地了解口碑营销的实施过程。

口碑营销的实施从打造一个好产品开始。互联网是很多谣言与不实信息的温床，但同时它又对诚信提出了更高的要求。互联网的公开性让劣质产品无处遁形，消费者遇到劣质产品会马上在网络上"控诉"，通过互联网的发酵，这一信息可以被任何人看到。一个产品之所以被关注就在于它的质量，所以，好的产品是口碑营销的起点。

口碑营销的第二步是培养传播口碑者。喜爱你产品的消费者并不可能每一个人都乐于去向他人分享，这时就需要商家运用策略去说服他们来分享产品信息。微博上的明星、网络红人在他们个人主页上分享某个产品，就是商家的一种口碑营销手段。在社会网络中，意见领袖最为显著的作用是推动创新的扩散和采用。这主要是因为如果意见领袖采用了某个新产品或某项新技术，就会起到重要的示范带动作用，进而刺激其他网络成员也采用。需要指出的是，意见领袖对网络社会中其他人所产生的影响主要是通过网络关系来实现的，即只有与意见领袖建立了关系才会受到其影响。[①] 意见领袖作为社会网络中有影响力的节点，具有强大的辐射力，他是口碑传播者的最佳人选。

口碑营销的第三步是制造可以被消费者谈论的话题，使传播由单向的传递转向沟通和形成共识。这一部分在上面的内容中已经详细说明，这里就不再赘述。

口碑营销的第四步是利用传播工具与适当的利益激励手段将口碑进一步扩散，提高消费者的参与度。安迪·赛诺维兹（Andy Sernovitz）在他的著作《做口碑》中指出："口碑营销不仅仅是发生在互联网上，80% 的人际交流发生在线下。"互联网上的各种"转发有奖""分享有礼"等活动都是用利益在刺激用户对产品进行推荐，而线下多是鼓励消费者在自己的朋友圈、微博等社交平台上转发商家的活动以及消费体验等。

口碑营销的最后一步就是监测、追踪消费者的反馈信息。在传统媒体时代，企业

---

① 黄敏学，王琦元，肖邦明，等. 消费咨询网络中意见领袖的演化机制研究——预期线索与网络结构［J］. 管理世界，2015（7）：109-121.

与商家很容易就能控制消费者的舆论,而在社交媒体的环境下商家很难把握网民的舆论。因此,商家应时刻关注舆论环境以及消费者的动态信息,当出现了不利于品牌形象的负面舆论的苗头时,就应该及时引导,在网络社区中及时疏通负面信息,营造一个正面的舆论环境。

三、口碑营销案例解析

1. 小米 MIUI 系统推广

小米 CEO 雷军在 2008 年提出,"专注、极致、口碑、快"是互联网的七字诀,并强调口碑是整个互联网思维的核心。小米这个企业正是将口碑看作核心,才能在激烈的手机市场中占得一方天地。2010 年 8 月第一版 MIUI 发布时,只有 100 个用户,他们是口碑传播最早的核心用户。到 2011 年 8 月,MIUI 拥有了 50 万的发烧友用户,通过口碑传播不断扩散,如今已经超过了 6000 万人。[①] 不花一分钱做广告,就让千万人知道了这一产品,这就是口碑营销的魔力。

图 3-1　小米 MIUI 海报

策略关键如下:

(1) 挖掘"口碑传播者"

口碑传播者是指这样一类人:他们花钱购买某种东西,使用它、喜欢它、思考它。在使用一段时间后,开始热爱它,并且开始跟别人交流对它的热爱。交流得越多,他们就更加信任它,更加热爱它。主流传播者达到临界数量时甚至能改变世界,更不用说改变一个企业,但是这类传播者很难找。[②] 由此可见口碑传播者的重要性。

最初,小米将自己公司的员工发展成为狂热的小米发烧友,让全公司的员工都使

---

① 黎万强.小米口碑营销内部手册:参与感[M].北京:中信出版社,2014:5.
② 戈德费恩.社会化媒体时代的口碑营销[M].北京:企业管理出版社,2013:2.

用自己公司的产品，他们对产品的性能烂熟于心并热爱这一品牌，成为了第一批"口碑传播者"。之后，小米着力发展忠诚客户。小米最早有10万铁粉、发烧友、100家赞助商，这些都是他们的早期用户，也是他们的核心种子用户，小米培育其对品牌的忠诚度，奖励性地激励他们向他人推广产品。不容忽视的是，小米团队注重意见领袖发挥的强大的作用。小米创始人雷军、黎万强都是微博大V，他们的个人魅力以及专业素养吸引了一大批用户的关注度，同时具有粉丝效应。消费者认为他们所说的话可信度高，名人效应下消费者当然就肯掏腰包来购买产品。

（2）打造用户的参与感

小米公司把产品设计、售后服务、品牌建设、产品销售的过程统统向客户开放，筛选出用户最想要参与的节点——基于功能需求，让用户直接参与到MIUI系统的设计之中。小米团队设计出了"橙色星期五"这一互联网开发模式，让MIUI团队在论坛和用户互动，倾听用户反馈，使用户获益的同时也让企业获益，引导用户进一步参与互动。同时，小米团队十分注重话题的制造和参与，他们将基于互动产生的内容做成话题或可以传播的事件，让口碑产生裂变，影响更多的人参与。颇有成就感的用户放大了体验的参与感，形成了传播的契机。

如何进行口碑扩散呢？无非有两种方式：一是在软件内部设计出可以一键分享的或者鼓励用户去分享的机制。例如打车软件Uber的邀请码，如果你向自己的朋友或者家人推荐这一软件，输入你发出的邀请码，不仅你可以得到乘车优惠，你的家人朋友也会得到实惠。关键的是，这一软件又多了一个"口碑传播者"。二是利用媒体，制造话题传播口碑，将单人沟通转化为社区共鸣。这里的媒体不仅仅限于社交媒体，还有广播、电视、报纸等传统媒体，以及新兴的却又吸粉众多的自媒体。小米团队选择了第二种，他们利用论坛、微博、QQ空间这类社交媒体来制造话题、传播故事。这就是小米口碑营销的一个策略。

（3）利用社交媒体制造话题，加速口碑传播

小米团队为最早参与测试的100个用户，拍了名为《100个梦想的赞助商》的微电影，迅速在社交媒体上传播，赢得了一片赞赏。人们并不太接受听创始人夸夸其谈企业文化那一套，也不想听老掉牙的无聊故事，他们想了解你如何解决他们的问题、满足他们的需求。为你的客户了解结果，然后讲述他们的故事，讲故事方式影响了传播的效果。

小米有强链接性的小米论坛，除此之外，它还深谙社交媒体的传播技巧。微博是雷军推广小米的主场地，他的微博接近90%都是围绕小米展开的。同时，官方微博"小米"通过高传播率、高参与度的话题等形式来揭示小米手机的特性，线上售后也是

其微博的功能之一。2011年8月小米团队在微博上开启了"我是手机控"的活动，在很短的时间内就有100万用户参与，后来有了高达1700万的讨论。那个时候小米才刚刚宣布要做手机产品，没花一分钱，小米影响力就凸显出来了，大家开始对小米这一品牌有了最初的认知。平台变了，玩法也跟着变，微信的玩法在小米团队这里又不一样了。如果把微信当营销平台，这就等于走到死胡同了。基于天然的通讯录好友关系，微信更适合做服务平台。[①] 小米利用微信的语音功能，在2013年12月圣诞节前后设计了一款微信"吼一吼"的创意活动。用户只需要对小米手机的微信公众账号，发一句语音消息"我爱小米手机！"就有机会中奖，获得以极优惠的价格购买米兔玩偶的权利。通过这一活动，1万个米兔玩偶被用户在数分钟内抢购一空。

小米提出互联网口碑的铁三角：社会化媒体是口碑的加速器、和用户交朋友是口碑的关系链、好产品是口碑的发动机。最后，用户参与是互联网口碑的润滑剂。正是这铁三角相互配合，稳扎稳打，建立起小米的口碑。

（小米MIUI营销案例视频请参考此链接：https://www.bilibili.com/video/BV1uV411d7pu?from=search&seid=12286838303890886649）

2. 海底捞：口碑是最好的营销

成立于1994年的四川海底捞是一家以经营川味火锅为主的火锅店。提起海底捞，人们第一时间想到的不是它家的火锅而是它"非正常"的服务态度。如今，海底捞已有百余家直营连锁餐厅，并且走出了国门，在日本、新加坡、韩国、美国等国家都开有分店。海底捞拥有15000多名员工，年营业额高达30亿元，它的顾客回头率高达50%以上，是餐饮行业名副其实的佼佼者。在海底捞的品牌打造过程中，口碑起了至关重要的作用。

图3-2 海底捞海报

[①] 黎万强. 小米口碑营销内部手册：参与感 [M]. 北京：中信出版社，2014: 12.

策略关键如下：

（1）揣摩顾客心理，主动获得用户传播

口碑传播，简单来说就是一键分享的事。人们总是爱分享的，从以前的口头到现在的朋友圈，人们将遇到的新鲜事、新奇的玩意通过口头或在网上发布，自然就有了口碑传播。海底捞是一个注重服务的公司，同时，它也深知顾客的心理需求。一个人去吃火锅，在网上被称为最孤单的十件事情之一，而在海底捞吃火锅却不会让你感到孤零零的落寞。满脸笑容的服务员会为你送上与真人差不多高的玩偶熊或是萌萌的小熊猫，让它坐在你身边或是你对面陪你用餐。这还不止，贴心的服务员在你一进门就会递来温热的毛巾让你擦手，看到披着头发的女性，服务员为了她们方便用餐，会递来橡皮筋用来绑头发。用餐时，服务员帮煮帮涮，送你饮料和水果，陪你下棋陪你聊天。海底捞在用餐时间几乎都要等位，至少半小时。它可从不让你闲着，在海底捞等位不仅可以享受免费美甲，还有免费零食茶水可以享用。有人调侃道："在海底捞吃饭，还没到我的位我就已经吃饱了。"在微博搜索关键字"海底捞""海底捞服务"，就可以发现，网上几乎全部是在海底捞用餐的消费者发出的好评。这种近乎"变态"的服务态度，让顾客都感到"不好意思"。而正是这种服务，使消费者体验到和以往就餐服务截然不同的新奇之感。同时，这种人性化且温暖的服务打动了消费者的心，天生爱分享的人们这时候会在社交软件上分享他们的感受，或者是和朋友述说，海底捞的服务已经成为人们津津乐道的话题之一。这样，海底捞的口碑就开始发酵并迅速扩散了。

（2）意见领袖传播人性化故事

传统的营销都说自家好，海底捞则另辟蹊径，敢于"自嘲"。

在当今竞争日益激烈的背景之下，一些鸡汤成功文已经勾不起浮躁的都市人的兴趣，反倒是一些"反鸡汤文"像一剂猛药注入年轻人的血液之中，赢得年轻一代的认可。2017年河南郑州，海底捞董事长张勇在第十届中国绿公司年会上做了《让成本中心创造价值》的主题演讲。知名餐饮自媒体"餐饮老板内参"报道了这次演讲，并发布了《海底捞董事长：我做了那么多亲情化举动，却"败给"一个吧台小姑娘》一文，引起各大微信公众平台转发。

标题的含义是这样的：张勇在一次检查工作的时候，发现一名男服务员工作认真且勤劳，干完了自己的本职工作还主动帮助同事干活。他向部门经理提议要好好培养这名男员工，没想到经理告知他男员工已经提出了辞职。这是为什么呢？真相是这样的：吧台那边的小姑娘已经明确告诉他："不要在这儿这么表现了，我已经有男朋友了。"他不是为了海底捞在奋斗，他是为了吧台的小姑娘在奋斗。由这件事，他想到了海底捞的员工考核标准。

张勇作为海底捞的董事长，说故事的能力堪称一流。在演讲的开头，张勇就说："如果想知道什么叫名不副实，你去海底捞看看就知道了。"演讲一开始就引起观众的好奇心，后来他又说道："无论企业名气大小，惶恐的是内部都有问题。"谈到了在海底捞的 KPI 考核问题上他们的团队也遇到过瓶颈，走过弯路。最后，张勇强调了海底捞既要正式化管理又要非正式化管理，落脚点最终在人性化上。这一篇文章，不仅让消费者感受到了海底捞独特的品牌文化，更让海底捞这一品牌深入消费者心里。身为董事长，张勇竟然觉得自己公司的 KPI 考核，不如讨好一个吧台小姑娘更见效，敢于自嘲，敢于反思。消费者对这一故事津津乐道，甚觉有趣，传播点自然就有了。

张勇还分享过一个小故事：海底捞去日本开店时，一个 40 多岁男子跪拜在海底捞店门口，自称是某餐饮企业老板，听说海底捞做得好，前来学习。"我觉得很可怕，只是听说我们做得好就这么认真前来学习。"张勇说。可见，海底捞的口碑在海外都是值得称赞的。

（3）危机公关巧妙化解危机，被誉为"公关典范"

2017 年 8 月 25 日 10 时，《法制晚报·看法新闻》首发报道《恶心！暗访海底捞：老鼠爬进食品柜 火锅漏勺掏下水道》，指海底捞火锅后厨存在大量卫生问题。报道一经发出，立刻引发热议。网友纷纷表示"海底捞也沦陷了""服务和卫生缺一不可"[①]。这次危机，有网友直言是海底捞遭遇的最严重的危机，但是在两次危机公关的化解下，海底捞的口碑竟然奇迹般地变高了。

这一切都归功于海底捞专业的公关团队。这一事件曝光不到四小时，海底捞在官方微博就公开发表《关于海底捞火锅北京劲松店、北京太阳宫店事件的致歉信》。首先承认错误并向公众诚挚道歉，还不忘感谢媒体对其进行监督。海底捞在进行危机公关管理时，除了在时间上做到及时、快速，还在问题处理的态度上做到了真诚。这一声明迅速在微博 @江宁婆婆 @互联网的那点事 @斯库里 等多位大 V 与 @观察者网 @新浪财经的转发下发酵。尽管有网友表示此次公关"诚恳、不错、迅速"，但仍有不少网友表示"失望、恶心、不吃、可怕"等，网友口碑值为 –47。17 时，海底捞又发布一则"处理通报"，表明将会全面彻查门店，陈列出五项详细措施并确实到具体负责人。最后还不忘董事会全揽责任，而不是将责任推卸到普通员工身上。有网友对海底捞的处理方案做了一个总结："这锅我背，这错我改，员工我养。"8 月 27 日下午 3 时，海底捞官网发布《关于积极落实整改，主动接受社会监督的声明》，表示对北京食药监局的约谈内容全部接受；同时将媒体和社会公众指出的问题和建议，全部纳入整改措

---

① 知微数据一点号. 口碑值从 –47 到 +62，海底捞如何化解"有史以来最严重危机"？［EB/OL］.（2017-08-28）［2019-03-09］. http://www.yidianzixun.com/article/0H9WzLGG.

施。三次公开发文之后，关于海底捞的评论开始出现"神转折"。大部分网友开始选择原谅，并且表示还会去吃。迅速及时、态度诚恳、检讨深刻的三次发声，彻底改变了网友的态度。海底捞堪称完美的危机公关，让它造就了一次危机公关的典范。不少网友戏称，海底捞的危机公关，火的不是危机问题，而是公关。这次的危机事件，不仅让海底捞化险为夷，还让它收获了"行业危机公关典范"的美名。

（海底捞营销案例视频请参考此链接：https://www.bilibili.com/video/BV1WQ4y1K7xL?from=search&seid=14236849675936130453）

课后思考题

1. 网络社会以及社交媒体的崛起为口碑营销带来了怎样的机遇？
2. 与其他营销方式相比，口碑营销的最大特点是什么？

第四章　病毒营销

企业进行营销的目的是为了让客户更多地了解自己的产品，将产品推向更广的销售市场。以广告为基本手段的营销模式价格高昂并且效果一般，越来越多的小型企业开始规避这种传统营销模式，探寻一种性价比更高的营销模式。病毒营销正是如此，低廉的成本和高效的影响力使其受到越来越多中小企业的青睐。本章主要介绍病毒营销的基本理论和实操方法，并通过案例探析病毒营销的成功之道。

一、概述

简单来说，病毒营销的基本原理就是先创造一个富有吸引力、为广大受众所需要的"病原体"，然后通过互联网技术，以"口碑传播"的方式进行传播。在互联网传播环境下，传播的时空限制被最大程度地打破了，"口口相传"的传播活动因此而更加容易实现，从而形成了网络病毒营销。

（一）病毒营销的内涵界定

病毒营销（viral marketing，又称病毒式营销、病毒性营销）是网络营销中的一种常用手段，常用于进行产品推广、品牌推广和企业形象推广等。1966年，沙比尔·巴萨亚（Sabeer Bhatia）和杰克·史客斯（Jack Smith）创建了著名网站 Hotmail.com，仅仅在创建后的一年半时间里，注册用户人数达到1200万，Hotmail 也成为世界最大的电子邮件供应商。令人惊讶的是，相比于其他竞争者，该网站的营销费用还不到50万美元。Hotmail 公司能取得如此大的效益，正是因为运用了病毒营销原理。后来美国风险投资家史蒂夫·乔维斯顿（Steve Jurvetson）在评论 Hotmail 免费电子邮件案例时首次提出"病毒营销"一词，病毒营销的出现至今仅有二十几年的历史，但伴随着互联网的发展，病毒营销已经成为网络营销的主要手段。

综观国内研究，2000年，冯英健博士翻译了美国电子商务顾问拉尔夫·F. 威尔逊（Ralph F.Wilson）博士的文章《病毒性网络营销的六个基本要素》，这是我国第一篇介绍病毒营销的文章，它首次将病毒营销的概念引入国内。2002年，冯英健编写的《网络营销基础与实践》第一次介绍了有关病毒营销的概念,"病毒性营销并非真的以传播病毒的方式开展营销,而是通过用户的口碑宣传网络,信息像病毒一样扩散,利用快速复制的方式传向数以万计、数以百万计的受众"。[①] 吴爱丽在《病毒营销》一书中认为,病毒营销是一种信息传播策略,"指网络媒体信息像病毒一样传播扩散,信息被快速复制传向数以万计、数以百万计的网民。"[②]

通过以上梳理,笔者认为,病毒营销是企业传播信息的一种手段,它以互联网及网络新媒体为渠道进行口碑传播,使信息像病毒一样迅速且大规模地扩散,从而为企业达到宣传的目的而实施的。

(二)病毒营销的分类

目前,国内对病毒营销的分类说法不一,尚无定论。笔者在此将其归纳为三大类、十小类。

按内容形式分:文字病毒营销、图片病毒营销以及视频病毒营销。

按传播渠道分:电子邮箱式病毒营销、微博(微信)式病毒营销、论坛式病毒营销、话题式病毒营销。

按操作方式分:分享式病毒营销、植入式病毒营销、邀请式病毒营销。

(三)病毒营销的特征

1. 信息传播的高效性

利用大众媒体进行传播的传统营销方式是"一对多"式的传播,它无法确定传播内容是否真正被目标受众接受或对目标受众产生影响,而病毒营销的传播是一种自发的、扩散性的推广,其核心是使消费者进行自主宣传,激励消费者将产品信息传递给跟他们有关联的个体(亲朋好友或相关人群),例如目标受众接收到了一条有趣的产品信息,他会立刻将其分享给他所认识的人,并且还会依次持续地传递下去。在互联网时代,新媒体的出现使人与人之间的沟通更为便捷,微信、微博等社交媒体使这种由消费者分享传递的模式更容易实现,每个消费者都是传播者,信息不断地呈指数级增长,可在短时间内形成病毒式的传播速度和传播效果。

---

① 冯英健. 网络营销基础与实践 [M]. 北京:清华大学出版社,2007:70.
② 吴爱丽. 病毒营销 [M]. 成都:西南财经大学出版社,2007:3.

2. 信息接收的精准性

大众媒体在投放广告时难免存在着一些影响传播效果的因素，例如信息干扰的影响、接收环境的影响以及受众抵触心理的影响。而在病毒营销中，"病毒"是受众从与自己联系紧密的个体那里获得的，受众在接收和传播过程中往往具有主动性和积极性，这有利于减少传播过程中的噪音影响，提升传播的可信度。同时，通过网络新媒体，人际的网络传播更加私密化，大多是利用社交软件进行信息共享，在传播渠道层面营造了良好的传播环境，增强了传播的效果。

3. 营销成本的低廉性

实施病毒营销的成本低廉，是因为这种营销利用了目标受众的参与热情，消费者是自愿作为传播者参与到后续产品宣传当中的，传播渠道是以消费者个人的人际网络为基础的，企业无须承担广告费用，所以病毒营销较之传统的营销方式来讲，成本更加低廉，几乎是"零成本"营销。

4. 营销内容的娱乐性

互联网时代，新媒体赋予了用户极大的自主性和选择性，使人们在很大程度上可以通过娱乐化的内容表达自己的公共话语权，网络时代使人们个性特征的娱乐倾向更加明显。同时，随着社会进程的不断加快，社会压力也在逐渐增大，人们更愿意通过娱乐进行自我表达与自我宣泄，越是带有娱乐性质的信息就越能收到良好的传播效果。新媒体背景下，病毒营销的娱乐性特征更加明显，不管是利用娱乐性话题制造爆点，还是通过游戏、视频、图片等内容刺激人们的传播欲望，都成为当下病毒营销的主要策略。

二、病毒营销的策略

（一）病毒营销的实施策略

1. 病毒营销的制胜关键是创新

病毒营销想要产生让人"眼前一亮"的效果，就必须依靠创新，这里提到的创新既包括内容层面的创新，也包括技术层面的创新。首先，内容层面的创新依赖于新颖的"病毒"制造。千篇一律的广告式营销手段极易让受众产生视觉疲劳，产生"病毒"

抗体，而一则具有创新性的内容呈现在受众眼前时，会瞬间吸引大家眼球，这就为后期的信息分享做好了铺垫；同时，技术创新为病毒营销提供了硬件条件，随着 AI、VR 技术的迅速发展，科技融入营销已然成为不可阻挡的趋势，像阿里、百度这样的互联网领头企业，早已将营销与科技相融合，而且收到了完美的效果。未来，科技手段势必将大范围覆盖病毒营销的过程。

2. 充分发挥网络意见领袖的作用

病毒营销之所以被称为互联网形式的口碑传播，是因为在病毒营销的实施过程中，有大量的意见领袖参与了传播过程。这部分意见领袖有着统一的特征：拥有大量的粉丝群体或行业内部的专业知识，在"病毒"传递的过程中，这些意见领袖将自己的观点或感受通过互联网传递出去，粉丝群体第一时间接收到此信息并化身为下一轮传播活动的意见领袖，再次发挥着扩散作用，这种重复叠加式的意见领袖传播不仅扩大了传播的范围，更增强了传播信息的可信度。

3. 奖励即动力

随着新媒体发展的愈演愈烈，线上奖励机制也逐渐流行，如微信中的分享领红包、扫码领红包等活动。在病毒营销中，奖励机制是利用大众的趋利心理，以抽取奖励的方法使受众主动分享信息，从而使每一个接收到营销信息的人都成为下一位信息传播者。在病毒营销的实施过程中，奖励是激励受众主动传播的动力来源。

4. 渠道影响效果

病毒营销的最终效果与"病毒"的投放渠道有密不可分的关系。新媒体时代，病毒营销的主战线转向社交媒体，相比传统的利用邮箱进行病毒营销，社交媒体更具覆盖性，并且社交媒体可以随时进行信息的投放与分享，更易使"病毒"广泛地扩散出去，影响更多的受众。如今，国内大部分病毒营销的成功案例无不是以微信、微博等社交媒体为渠道的，由此可见，新媒体为病毒营销打开了更广阔的一片天地。

（二）实施过程

1. 整体规划病毒营销方案

设计方案是实施病毒营销的首要环节。在设计营销方案环节中，一是要深入了解营销的内外部环境。内部环境包括产品的质量、效果、声誉等，外部环境包括市场需要、企业资源、品牌定位、竞争对象等；二是要保证营销方案符合病毒营销的核心思想，即可以达到产品信息被用户自主传播的效果；三是要使信息传播与营销目的相结合，不可只注重实用效果或只注重宣传效果，要两者兼顾，使企业和用户都受益。

2. 制造独具吸引力的"病毒"

能够广泛传播的病原体是引爆传播过程、收获传播效果的关键，这就要求参与传播的"病毒"对受众有强大的吸引力。这里要提到的是，制造的"病毒"一定要具有创新性，因为同样的"病毒"会使受众产生抗体，无法继续传播下去。只有独创的、新颖的"病毒"才能使病毒营销达到最大效果。

3. 精准定位易感人群

易感人群就是信息传播过程中的第一批接收者，也是产品的消费者和使用者。易感人群在信息的第二次传播中扮演着传播者的角色，对于扩大传播渠道、提升传播效果、影响更广泛的群体有着至关重要的作用。马尔科姆·格拉德威尔（Malcolm Gladwell）在其著作《引爆点》一书中，将这类易感人群定义为"联系员""内行"和"推销员"。[1] 通常来说，流行病的传播正是由一小部分携带病原体的人引发的，病毒营销也是如此。病毒营销中的易感人群有着共同的特点：沟通能力强、知识储备丰富、业余时间充沛以及范围影响力强，他们既会主动接受新鲜事物，又乐于将自己了解到的东西向他人传递，并且能够通过自己强大的感染力和广阔的社交圈，让"病毒"更加迅速地传染给更多的人。实施病毒营销就要寻找到身边的这类人并与之建立联系，通过他们的人际传播能力达到最大传播范围。

4. 巧用新媒体作为传播渠道

信息是用户通过网站自行下载还是利用公众号进行推送？传播渠道的选择是营销人员在实施营销时需要着重考虑的问题，不同的传播渠道将对传播效果产生极大的影响。在以网络传播为主的今天，新媒体的出现使病毒营销的传播渠道更加多元，微信已经成为病毒营销的主要阵地。微信是从相对稳定的熟人群体（基本是朋友、同事、亲戚）出发，然后再逐渐扩展到陌生人层面，构建起"熟人—熟人"和"熟人—陌生人"的多维社交网络[2]，这和病毒营销传播的模式基本一致。目前来看，企业通过微信进行病毒营销效果显著。2017年，《人民日报》为庆祝建军90周年，推出了"换脸军

---

[1] 格拉德威尔，等.引爆点：如何引发流行[M].钱清，覃爱冬，译.北京：中信出版社，2014：17.
[2] 匡文波.新媒体概论：第二版[M].北京：中国人民大学出版社，2015：124.

装照"插件,通过扫描二维码并上传本人照片就可以生成一张帅气的"军装照",在微信朋友圈晒"军装照"将此活动的热潮推至顶峰,仅一周之内,"军装照"H5 的浏览量高达 8 亿多。此次营销大获成功,微信朋友圈的强大传播效果功不可没。由此可见,新媒体传播可以使病毒营销事半功倍。

5. 原始信息小范围内的投放以及环境控制

对原始信息的测试是为了了解受众的口味和偏好,以及他们对产品功能的诉求,这是在正式实施病毒营销过程前的必要环节,企业可以根据测试结果,及时更改营销方案,达到最理想的营销效果。信息的传播需要经历一个由小范围至大范围的过程,原始信息应该投放在易于被受众注意的范围内,并且在此范围内,受众乐于并且有能力继续传递这些信息。

6. 对营销效果进行跟踪和管理

对于营销效果,企业是无法人为进行控制和干预的,但是这并不代表企业不需要对效果进行管控。对于病毒营销的效果分析是非常重要的,它不仅可以让我们及时掌握营销信息传播所带来的反应,也可以让我们从中发现这项病毒营销计划可能存在的问题,以及可能的改进思路。经验进行总结,可以为下一次病毒营销计划提供参考。[①]

三、病毒营销案例解析

(一) 2016 年天猫"双十一"购物节《穿越宇宙的邀请函》

天猫"双十一"购物节不仅是一场购物狂欢,更是一场营销狂欢。一般在"双十一"到来的前一个月,天猫就开始通过线上线下进行大规模的营销活动。线上各大 App 轮番广告宣传,线下海报遍布地铁公交站以及电梯等公共场所。其中,2016 年天猫制作的《穿越宇宙的邀请函》在"双十一"前夕引爆微信朋友圈,被称为是"宇宙级的双十一广告",可谓一次完美的病毒营销。

---

① 黎友隆.网络营销[M].北京:中国言实出版社,2012:252.

图 4-1 天猫"双十一"海报

这封邀请函运用 VR 技术，通过"一镜到底"的空间推移刺激用户的视觉感官，呈现出完美的虚拟 3D 效果。整封邀请函在 30 秒的时间内唤起人们对"双十一"的记忆，人们在点开链接时，首先是被强大的视觉冲击感震撼，然后经过连续的长镜头推移，画面呈现出此次"双十一"购物节的宣传语"汇聚全球原生态好货""足不出户在家也能逛遍纽约第七大道""为你带来全球尖端科技"等，勾起人们的消费欲望。随着互联网电商的飞速发展，人们更加享受移动购物和移动支付带来的极大便利，同时，大幅度的让利更是抓住了用户的消费心理，再加之如此富有科技感的动态效果，使得这封邀请函一经推出，便迅速在微信端蹿红，微信用户间的互相转发以及朋友圈分享，让天猫此次的病毒营销大获成功。除此之外，天猫还利用直播形式，联合众多明星及网红进行线上产品挑选，引发达人效应，收获大量关注度。

每年的天猫"双十一"都获利颇丰，2017 年天猫"双十一"交易额为 1682 亿元，2018 年增至 2135 亿元，2019 年达到 2684 亿元，2021 年，更是达到史上最高的 5403 亿元。可见，从 2009 年开始，天猫"双十一"交易额从最初的 5200 万元到如今的上千亿元，爆炸式的增长速度与天猫无与伦比的营销技巧息息相关。

策略关键如下：

1. 创新性和吸引力是病毒营销的核心

互联网时代，想要抓住人们的眼球来引爆热点，就需要在泛滥的同质化信息里脱颖而出。当人们厌烦了千篇一律的广告时，突然有一个充满创意和冲击力的网络产品出现在眼前，他们就会主动和自己的家人、朋友进行分享，如此一来，这个品牌的知名度便随之扩大，企业形象也逐渐被广大消费者认同。

2. 利用意见领袖效应建立起的良好口碑使病毒营销事半功倍

在天猫此次的营销策略中，各路明星和网红的加入无疑是对"双十一"购物节最好的宣传。名人效应有助于消费者化解心中的怀疑心理和抗拒情绪，同时，意见领袖的推荐会引来众多消费者的效仿，意见领袖的言语更加容易为人所信服。明星和网红作为意见领袖，其生活方式和购物标准本身就容易被广大消费者追随，深受明星达人影响的消费者，又转变为下一批意见领袖，再去影响其他消费者，在这个过程中主流意见逐渐形成，产品的良好口碑也随之建立。

3. 技术革新为病毒营销增光添彩

技术革新对互联网广告市场的发展起到了助力作用。在科技革命迅速发展的今天，病毒营销也应该和前沿科技相结合，才能够使产品脱颖而出，最大化营销效果。此次天猫制作的《穿越宇宙的邀请函》正是利用了当下最为火热的VR（Virtual Reality，虚拟现实）技术。说起VR技术，很多人都不觉得陌生，现如今VR技术已经被多方位应用在交通、地产、游戏等领域，但是天猫此次将其应用在病毒营销中，作为广告出现，更是让人们眼前一亮。

（天猫《穿越宇宙的邀请函》案例视频请参考此链接：https://www.zcool.com.cn/work/ZMTg3MjExNjg=.html）

（二）微信小程序游戏"跳一跳"刷爆朋友圈

2017年底，微信小程序游戏"跳一跳"瞬间走红网络，仅三天时间便收获了4亿用户，游戏页面迅速占领了网民们的手机和朋友圈，利用碎片时间玩该游戏的人群随处可见，游戏群体更是跨度极大，小孩、青年甚至是老人，都沉迷于这款上手极其简单的休闲游戏当中。除此之外，与该游戏有关的秘籍攻略甚至是游戏外挂都成为网民们的搜索热点，"微信跳一跳怎样获得高分？"成为知乎上的热门问答题目。手机游戏营销的方式是近几年在手游普遍兴起的基础上出现的，相比于大型网络手机游戏，微信小程序游戏更适合在碎片化时间内进行，用户在体验游戏乐趣的同时，还可以通过绑定微信号，与微信好友分享自己的游戏排名，或将游戏链接分享至朋友圈，炫耀自己的成绩，获得一种心理上的满足感。

由于该款游戏是通过微信小程序开发的，其传播变得格外简单。微信小程序体现的是"即用即走"的理念，用户无须下载、安装、注册等烦琐的步骤便可以通过微信直接登录游戏，简便的操作为其带来了年龄跨度更广的用户群体。另外，该游戏的分享模式十分简单，每刷新一次成绩，便可将成绩"炫耀"给自己的微信好友，好友通过点开分享链接便可以进入该游戏中，其传播的核心理念便是"病毒营销"。

图 4-2 跳一跳界面截图

策略关键如下：

1. 病毒营销需要能够形成有效互动的娱乐性内容

一方面，利用微信进行病毒营销的关键就在于互动性，即通过内容的分享让更多的人参与到信息的传播中来。当下，社交媒体已然成为各大企业进行病毒营销的主要战场，强大的强互动性和感染性使得社交媒体在信息传播中有着无与伦比的优势；另一方面，游戏是供人放松身心和消遣时间的产品，如前文所述，在网络化和社会化进程加快的今天，人们需要娱乐性内容排解压力、释放情绪，因此游戏就更容易在病毒营销中获利。

2. 病毒营销要强化用户体验

病毒营销较之其他营销方式更具效果的原因之一就在于用户的自发传播，用户愿意与他人分享信息的前提条件是得到了良好的使用体验。从微信小游戏"跳一跳"的成功中可以看出，该款游戏最能俘获人心的地方在于休闲性和上手性。一方面，这种休闲类游戏不同于其他大型游戏紧张刺激,不需要精彩的操作和高清的画质,人们在短暂的空闲时间打开这款游戏只是为了得到精神上的愉悦和放松,这种游戏定位更加适合当代社会的普通人群;另一方面,开发商借力微信平台,使得用户上手这款游戏十分简单,根据美国发布的《2017 年互联网趋势报告》,中国用户每天花在微信上的时间长达 9 亿小时,该游戏入驻微信平台更加方便了人们的使用。

(跳一跳营销案例视频请参考此链接:https://v.qq.com/x/page/m0529ocaxpy.html)

(三)支付宝锦鲤引爆全民话题

2018 年 9 月 29 日,支付宝在没有任何预热的情况下在微博平台公布了一个"祝你成为锦鲤"的抽奖活动。发布仅仅 6 小时后,这条锦鲤微博转发量就突破了 100 万。第二天直接破 200 万,成为微博史上转发量最快破百万的企业微博。

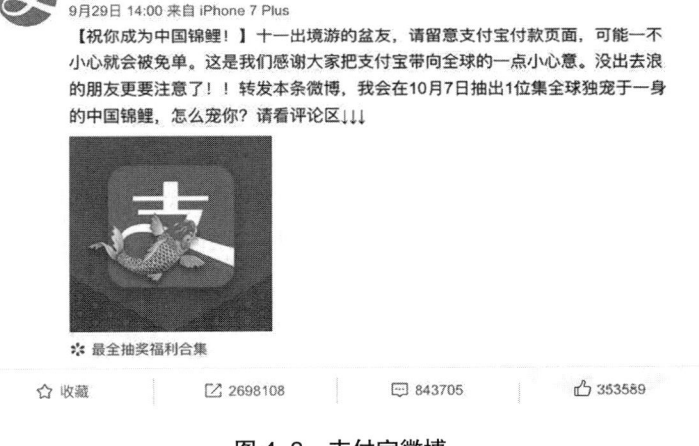

图 4-3 支付宝微博

2018 年 10 月 7 日,国庆节的最后一天,支付宝公布了预热许久,已经超过 2 亿曝光的"中国锦鲤"的中奖人选,中奖的人选将从近 300 万人中选出,并将获得来自数百个机构和品牌提供的价值近 400 万的礼品,一人独享!

这可能是微博有史以来势头最大,反响最热烈的营销活动之一:将近 400 万的转评赞,2 亿的曝光量,相关的话题在公布结果后,迅速占据微博热搜第一位和第五位,相关关键词的微信指数日环比更是大涨 288 倍;中奖用户"信小呆"的微博粉丝也一夜之间暴涨到了 80 万……

支付宝的这次促销活动应该说非常成功,它充分体现出病毒营销的特征,成为近年来最为成功的案例之一。自 2013 年微信支付诞生以来,支付宝和微信就在支付领域展开了竞争。微信在 2014 年推出的"微信红包",通过社交+支付的方式,在小额高频的支付领域抢占了支付宝的一块大蛋糕,并慢慢渗透进了中小商家的支付市场中。支付宝在次年春节打出了"敬业福"的牌,虽有声量,但口碑收效甚微。随着越来越多国人出国旅游,考虑到其越来越强的购买力,海外支付便成为一个新的增长引擎。微信支付通过"微信红包"这个大 IP 一炮而红,支付宝也需要创造自己的 IP,在海外市场形成自己的护城河。

要解决海外市场的支付问题,一要搞定用户,二要搞定海外商家。每逢五一、国庆等旅游黄金时段,微信和支付宝两家总会推出各自的免单活动,通过优惠来提高自己软件的使用率,但这样的方式留存效果不强,哪家优惠大,用户自然就用哪一家,难以给用户留下深刻的使用印象。因此支付宝需要一个强有力的营销,来加强"海外支付"和"支付宝"的联系。具体来讲,支付宝这次营销的策略关键如下:

1. 启动阶段

(1)早早开始营销铺垫

2018 年年初,为了推广淘宝亲情账号,阿里推出了"一人中奖,全家免单"的活动:抽百人清空购物车,且只要自己的亲情账号绑定了家人账号,一人中奖全家中奖。比起前几年雨露均沾的敬业福,这次"大奖独宠一人"掀起的风浪和口碑,都更为壮观。"6·18"期间,天猫也推出了"宇宙大礼包",在 80 万人中抽一位天选之子,邮寄送出 618 份来自不同品牌的礼品,一度被誉为社会化营销的典范。有了前两次的铺垫,10 月份的支付宝年度锦鲤活动,便成了顺水推舟、驾轻就熟的操作。

(2)大量品牌、商家的及时参与[①]

此次支付宝锦鲤活动卖了个关子,获奖锦鲤得到的礼物没直接给出,而是让大家看评论区。果然,这条微博刚刚发布,迅速有大量的商家在评论区给出了自己的"礼物",并表达了对锦鲤的宠爱和尊敬。

---

① 吴思. 深度解析:支付宝的"锦鲤"营销究竟赢在哪里[EB/OL].(2018-10-08)[2019-03-06]. https://www.sohu.com/a/258268010_775281.

图 4-4　支付宝微博评论截图

值得注意的是，上百条商家的评论不是在一天之内断断续续更新的，而是在不到一小时之内，全部完成评论转发。这很可能是运营团队与品牌合作方的合作，运营团队要求各个品牌在规定的时间内发表评论和转发。品牌方的集中式参与、转发不仅扩大了影响力，也提升了整个活动的势能，让"中国锦鲤"迅速在几个小时内形成浩大声势。

（3）奖品海报的跟进发布

该活动通知在微博发布正好一个小时之后，奖品清单的海报就出现在了留言区，是一张长长的图。本来大家关注的就是奖励到底是什么，什么品牌和商家会来凑热闹。这时候放出这张让人眼花缭乱的海报，大概率会超出已有用户的心理预期，甚至远超预期。正是这种"哇"的惊叹感，有效撬动了早期参与者的参与热情。而他们的转发则带来更多的用户，从而让传播进入一个病毒式扩散中。

（4）"锦鲤"的概念自带传播性

此次活动微博文案的第一句便是"祝你成为中国锦鲤"。"锦鲤"这个词用得非常好。

首先，"锦鲤"这个词和微博生态非常契合。谁要是在微信上或豆瓣上转发个锦鲤，会显得不太合风格。但微博简直是锦鲤之乡，试问谁没转过锦鲤呢？

第二,"锦鲤"这个词本身很火,是属于互联网的热词,它能蹭上杨超越、王思聪等话题人物的热度。而且,"锦鲤"这个词挺有意思,本身混合着一种调侃与希望,有一种亦正亦邪的气质,非常适合传播。

简言之,"锦鲤"一词在微博生态下具备极强的传播性。它选中了中国锦鲤这个概念,就仿佛是选中了一个极佳的广告词,用户见到文案之后,可以直接参与、转发,不需要再转述或者发明新的概念,这相当于将传播的阻力降到最低。

(5)微信引流给力

微博发布活动通知后,支付宝的微信官方账号也立刻跟进发布了消息。这条推送也非常有个性,标题是《2个事》,内容简单明了。这得益于该账号长期的良好维护,这条推文的阅读量迅速超过10W+,为主战场微博提供了大量有效流量。

2. 造势阶段

29日当天,已经积累了一百多万转发的支付宝,完成了一次成功的冷启动。从冷启动结束之后,到正式揭晓抽奖结果的这段时间,支付宝也在忙着"造势"。从最终结果来看,它成功完成了为最终揭晓答案"造势"的任务。

(1)"三百万分之一的概率"成为话题点

随着活动的进行,这次活动的获奖概率达到了极度夸张的三百万分之一。面对这样一个意味着"你根本不可能中奖"的概率,支付宝巧妙地把它利用起来,成为一个造势的点。

图4-5 "三百万分之一意味着什么"海报

首先,在这期间,支付宝的微博账号反复提到了三百万分之一获奖概率,让人们意识到这件事情是多么地不可思议。另外，拥有2700万粉丝的微博大V"回忆专用小马甲"也适时地发布了以"三百万分之一意味着什么"的海报——当然，这也很可能是支付宝的阶段性营销手段。

事已至此，三百万分之一的获奖概率，怎么能不引起大家的好奇心呢？谁不想知道奇迹发生在了哪个人的身上？可以说，这场营销活动发展到中局，就已经显现出要刷屏的潜力。

（2）微信渠道的有效渗入

微信朋友圈和微博是两个生态，微博上热搜的经常是各路娱乐明星，但朋友圈主要还是个人状态加上一些公众号文章的分享。跨平台的传播并不容易。

但支付宝做到了。它利用的方式是，借助"基于话题的分发逻辑"来切入微信朋友圈的流量池。

这就要谈到在抽取中国锦鲤的同时，支付宝的另外一项活动：随机为出国游旅客免单。例如：你到泰国吃饭，去日本买双鞋，在美国买一张门票，只要使用支付宝支付，就有可能突然被免单。

可以预见的是，这样的活动一定极大地提升了出国游旅客线下交易使用支付宝而非微信的可能性。更加巧妙的是，这次福利活动，最终竟然成为支付宝锦鲤活动的分发手段。按照官方的说法，在朋友圈转发免单页，可以提高抽中中国锦鲤的概率。支付宝甚至还提供了话术，这样一来，借助"支付宝全球免单"的话题分发，支付宝成功将中国锦鲤互动带入到微信生态中。

3. 穿透微博生态的收官阶段

终于，这场中局就注定会火的营销活动，在十一长假即将结束时迎来了高潮。在收官阶段，支付宝的动作依然可圈可点，顺利地将话题引爆于社交网络。

（1）制作奖品长条幅，并拍摄视频

在公布获奖者这个环节上，支付宝连发两条微博。第一条是按照微博抽奖的一般流程，公布获奖者。紧接着，支付宝发布了一个视频，将奖品清单做成一个长达数米的长条幅，每端由一个人拽着，拍摄者从头拍摄到尾。观看视频的人无不艳羡不已。有人留言想知道奖品价值是多少钱。其实无论是几百万还是几千万现金，其话题性、有趣性、新奇性，都比不过这样一份让人瞠目的清单。

（2）信小呆本人制造可传播性话题

获奖后，信小呆本人在微博上只回复了一句话："我下半生是不是不用工作了？？？"

应该说这句话又制造了一个引爆点。"下半生不用工作"这句话，一是简短，具备传播性；二是它本身是一个梗，甚至是一个痛点，具有极强的传播力。

图 6　信小呆和支付宝微博互动

假如获奖人发表了一长段几百字的获奖感言，或者连发十条自己有多激动的话，效果会如何呢？或者她只发一句话，比如，"我简直不敢相信这一切"，结果会怎样呢？显然，无论哪种，都完全达不到"不工作"这个梗带来的效果。

（3）制造"吸欧"新话题，引导用户参与

奖励公布后，支付宝鼓励大家去信小呆的微博下回复，吸"欧气"。这样一个自然的引导，再次将用户的注意力集中在这位"锦鲤"的幸运之上。

串起来看，从将"锦鲤"作为主打的概念，到三百万之一概率的造势，到吸"欧气"的引导，支付宝成功让此次营销活动具备了戏剧性，获奖变成一件不可思议的任务。当全民都在猜测谁是锦鲤，都在羡慕锦鲤时，病毒营销所需要的话题性、戏剧性，都一气呵成地展现出来。从三百万分之一的运气，到全球各知名厂家的宠爱，从普通人到超级幸运儿的转变，可以说是远超出普通人的日常体验，它的神奇之处在于，电影的桥段竟然真的在真实世界中发生了。这种"天上掉馅饼"的好运故事岂能不引爆社交媒体呢！

（4）二次传播

事情发展到这儿并没有结束，当微博上数万人正在感叹这人真的好幸运时，是否还能让大家更加惊奇，进一步挑战他们的心理防线呢？这种事还真的发生了：李现转发了信小呆的微博。信小呆的主页上有一个"李现超话",她是李现的粉丝。如果她成为中国锦鲤之后再被偶像"翻牌",岂不是锦鲤到没有天理?然而真的发生了。

巧的是,在各大娱乐明星中,只有李现转发了信小呆的微博。这种巧合很难说是偶然,所以极大可能又是支付宝团队的运作。而李现转发信小呆的微博,也迅速登上微博热搜榜的第一名。

另外,"小野妹子学吐槽"在微博上影响力巨大,它常年列出一些开放式的话题让大家讨论,然后展示出那些高赞的答案。而当晚,"讲讲你的锦鲤附体经历"成为讨论的话题。当时,大家还充满着对整个事件的巨大热情,所以回复下边全部都是"没有"两个字,自嘲感满分。事实上,这个话题本身也迅速登上热搜,并获得接近1亿的阅读量,有效地完成了此次营销活动的二次传播。[①]

通过这次支付宝锦鲤活动可以看出,要做好病毒营销,最好在运营流程的每一个环节上都要充分形成话题,并运用一切可能的手段放大话题性;尽量让营销活动达成一些远超人们日常想象的效果;让文案本身具有传播力,减少用户传播时的阻力,甚至文案本身就可驱动传播;利用话题+福利的方式,拓展传播的渠道和平台。

(支付宝锦鲤案例视频请参考此链接:https://v.qq.com/x/page/a0764uvv5cf.html)

课后思考题

1. 病毒营销有何独特优势?
2. 新媒体环境下,策划病毒营销活动需要注意哪些方面?

[①] 吴思.深度解析:支付宝的"锦鲤"营销究竟赢在哪里[EB/OL].(2018-10-08)[2019-06-05].https://www.sohu.com/a/258268010_775281.

第五章 饥饿营销

"饥饿"本是形容人在食物匮乏下的生理状态，现在用于营销中，显然意欲制造人为的商品匮乏或稀缺，以激起人们的购买欲望。当然在产品发布之前还会抛出一个又一个包袱，而每个包袱都会赢得用户的关注，当用户的胃口被吊足的时候再发布产品，就像给饥饿的人带来食物一般，营销效果自不必说。

运用饥饿营销策略最典型的案例是美国苹果公司和中国小米公司。苹果公司每次新品发布会必然会受到全球瞩目。发售日当天，全球各地的苹果专卖店都会上演"里三层外三层"的排队抢购场景，甚至有人熬夜排队，只为第一时间抢购心仪手机。小米公司，同样善于利用互联网为新产品预热，制造话题，引发大众讨论，使小米手机在新品上市中出现一机难求的"饥饿"局面，成为话题手机。可见，"饥饿营销"若运用得当，缔造产品神话也未可知。

一、概述

（一）内涵界定

何为饥饿营销？简言之，就是商品提供者有意限制产量或制造产品数量稀少的营销局面，以期造成一种供不应求的"假象"，从而令产品维持高人气、较高售价和利润率，最终获得良好品牌形象与丰厚利润。通俗地讲，就是商家运用大量广告促销宣传来激起顾客的购买欲，然后在产品供应中采取饥饿营销的策略——控制商品的生产数量，让用户在期待中再次提高购买欲，甚至要通过抢购来获得该产品，从而在高人气中进一步推高大众期待，为品牌树立起高价值的形象。日常生活中，我们通常会碰到这样一类现象：某某商品出现"限量版""特供版""秒杀"，抑或买鞋需要摇号排队，买房需要交定金排队等，这都是在某种程度上制造人为稀缺，以此激发消费者的购买欲。所谓物以稀为贵，饥饿营销正是抓住了用户的这个心理，通过人为控制产品投入量而使价格保持稳定甚至上扬。在物质条件极大丰富的今天，按道理说怎么可能存在供不应求的现象呢？这背后商家运用的就是"饥饿营销"的手段。

（二）饥饿营销的优势

1. 强化购买欲

通俗来讲，饥饿营销即是采取欲擒故纵的方式，通过管控产品数量，人为制造销售市场供不应求的局面。消费者一般都有一种逆反心理，如果知道某产品依靠"抢"才能"得"，就会产生一种好奇心和购买欲，也会基于买涨不买跌的心理，加入追捧当中，这就进一步推高了产品的人气。企业通过这种心理欲望强化手段，刺激用户购买，最终还是为了增加产品销售量。

2. 增强品牌影响力

一件商品如果能引起消费市场出现排队、黄牛倒卖等购买现象，它在消费者群体中必然会成为热点话题，在这种讨论和购买现象下，该品牌就在无形之中成为大家追捧的热点，影响力不断扩大。相比较官方的密集广告而言，基于用户口口相传的品牌影响力更大。

3. 稳定收益

正常商品的生命力也会如同抛物线一般，从上市到退市，价格会随着关注度和消费基数的下降而下降。但饥饿营销通过人为调控市场供求关系，通过把控投放到市场的商品数量来形成一种让用户"饥饿"的状态，从而不断激发消费者购买欲望，形成待价而沽的销售局面，由此保持商品的价格稳定和企业自身的利润率。

（三）饥饿营销的运用条件

运用饥饿营销的条件包括三个方面：产品条件、市场条件、消费者条件。

1. 产品条件

（1）产品的差异化程度高

产品的差异化指的是产品的独特性，该产品在市场难以复制和替代，具有唯一性，否则就无法进行饥饿营销。差异化程度高是运用饥饿营销的基本条件，它不仅能保持企业的独特性，排除很多竞争对手的模仿跟风，而且能激起消费者的购买欲望。这就要求企业具有创造力，保持产品的时新性，不断研发出市场难以复制和替代的产品。

（2）产品的品牌认知度高

品牌认知度高是饥饿营销的必要条件。当然，在初期，可能消费者对其品牌没有太多的认知，这时需要通过强调产品的唯一性来吸引目标用户，采用"饥饿营销"的企业必须保证其拥有足够的市场潜力，这样才能保证有足够的市场空间。一旦形成了用户的认可，培养出了大量忠实消费者，则饥饿营销就可以继续开展。企业要提高自身条件来进行品牌价值的建设，才能保持消费者对该品牌的消费忠诚度。

2. 市场条件

（1）市场竞争程度较低

在一个激烈的竞争环境中，想通过控制产品数量来激起消费者的购买欲，是难以实现的。竞争程度低的市场是饥饿营销的先决条件。市场竞争程度低，原因在于企业产品具有创新性和独特性，与之竞争的对手较少，可替代品不多。在这种状况下，市场偏向以企业为主导的卖方市场，即使出现供不应求的情况，但由于消费者很难从其他企业那里买到同类型或相似性价比的产品，也就是缺少可替代品，他们就不会因商品的暂时短缺而放弃购买。只有在此情境下，才可能出现排队抢购的现象。

（2）市场进入壁垒较高

如果一种商品的市场门槛很低，有许多企业都可以蜂拥而上，想要形成消费者的"饥饿"局面，基本不太可能。市场进入壁垒高是饥饿营销的保障条件。产品的市场准入壁垒越高，参与竞争的新企业数量就越少，就越能降低市场竞争程度，产品的紧俏与稀缺氛围就能得到保证，从而保障饥饿营销策略的实施。企业若想实施饥饿营销，应想方设法维持较高的市场进入壁垒，保证产品的独特性与不易模仿性。[①]

3. 消费者条件

一般来讲，饥饿营销所定位的消费者人群多缺乏理性消费观念，他们喜欢追求新潮，又具有从众的心理。商品必须要满足这类消费者好奇、从众、求新的心理，同时还要给予消费者强烈的认同感，满足他们彰显生活品质、与众不同的追求。只有在此基础上加大商业宣传，引发消费者关注产品，激发其购买欲望，才能完成饥饿营销的过程。

---

① 葛文静. 饥饿营销的实践应用研究——以喜茶为例 [J]. 商业时代，2017（8）：100-102.

二、饥饿营销的策略

（一）制造商品的唯一性

所谓饥饿营销，实际上就是人为控制产品数量来制造商品的稀有性，以达到热卖乃至抬价的目的。饥饿营销有一个关键特性，就是唯一性。比如小米手机会严格控制新品出货量，由于网上提前预热导致用户关注度比较高，在稀缺情况下造成产品溢价，这时一些黄牛党就会基于商业利益而扫货，进而带来更为紧俏的局面。消费者"新机"难求，反而愿意持续等待或高价购买。

这类因产品稀少而带来的消费兴奋，可以称为"稀缺效用"，有可能导致"哄抢"。其实这并不代表产品就真的这么好，它只是商家制造出来的一种唯一性幻觉，令消费者相信机不可失，时不再来。可见，要把握住人性的特点，掌握产品匹配的用户特点，才能搞好饥饿营销。每种营销方法都有其针对的消费人群，也有与其相匹配的消费者特性。

（二）吸引目标用户对产品产生期待

每一产品都有其目标用户，要用好饥饿营销，关键是要寻找到产品针对的消费人群。就像不可能让只用老人机的消费者追逐苹果手机，我们也不可能让年轻人群去购买保健品。找准目标用户，通过针对性的传播，让他们对产品特性和品牌产生兴趣，增加关注度，搭建桥梁，让消费者了解该企业的文化、愿景等。不同的产品类别要根据各自行业特点吸引消费者进行体验，如科技产品可以进行实体店体验，奢侈品则可进行文化宣传，食品可以采取试吃等方式。

（三）借助新媒体多渠道造势

新媒体直接到达用户，特别是对于那些希望尝新的用户来说，新媒体有其区别于传统媒体的显著优势。要借助新媒体的多种渠道、多种形式来进行宣传造势，既可以借助社交平台，也可以通过社群推荐，无论是哪种方式与渠道，都是为了通过突出产品的唯一性来吸引消费者关注，从而令其产生购买欲望。"造势"要造成一种值得买、必须买的热度，扩大产品和品牌影响力，增强消费者对产品和品牌的认知程度。

企业在新品推出市场前，就可以通过微博、微信等社交媒体渠道的组合对产品进行强势宣传，也可以通过意见领袖带货推荐。产品适当保持一定的神秘感，才能形成顾客对产品的期待。

（四）设置购买条件，激发顾客欲望

既然要人为制造"饥饿"，对购买条件进行设置就很重要。一般来说，在企业前期"洗脑式"的宣传之后，很多消费者已经对产品有了比较高的期待和关注，此时如果在产品发售时设置一些购买条件或发售数量的控制，一定会出现供不应求的消费氛围，非常容易激起消费者"物以稀为贵"的心态，这样企业的饥饿营销才会取得较好的效果。

当然在这个过程中，要学会"量力而行"。俗话说，"没有金刚钻儿，别揽瓷器活儿"。企业是否采取"饥饿营销"，要依据对自身的产品特性、人才资源、销售渠道、市场状况等的全面评估、量力而行，而不应该盲目跟风。须知，设置条件过多，就可能带来用户反感；过于自我膨胀，就可能错判形势。不可一味消耗消费者的耐心，总想着吊人胃口，一旦突破消费者的心理底线，说不准就会把消费者推到竞争对手那里，"搬起石头砸了自己的脚"。而且，制造"饥饿"需要企业品牌的长久经营，短期行为只会一时成功，短期获益。

（五）口碑二次传播

饥饿营销的前提是产品自身质量过硬，只有这样才会在营销过程中起到事半功倍的效果。企业要趁势抓住机会进行消费者的口碑传播，这是非常有效的二次营销，可为后续产品销售做铺垫，从而吸引更多的潜在客户，不断扩大销量和品牌影响力。苹果的"果粉"、小米的"米粉"的形成，其背后是消费者对产品质量的信赖，对品牌形象的认可。通过粉丝不断的口口相传，企业品牌形成了强大的影响力。

上述根据案例总结的饥饿营销的手段与策略大致如此，但企业在进行饥饿营销的过程中要根据自身情况"按需所取"，不能生搬硬套，具体问题具体分析，从而达到良好的营销效果。

三、饥饿营销案例解析

1. 小米手机：揭秘式的饥饿营销

在消费者眼中，小米手机从诞生到问世就是个神话。当它尚在襁褓中时，就已经有各类好评流出。2011年9月5日，小米终于掀开神秘的面纱，拉开预定大幕，在34小时内，收到34万部小米手机的订单，令业界震惊。2011年年底，不到一个月的时间，小米手机连续发售两次，均取得了3小时销售10万台的好成绩，自此一炮而红。从小米手机的发家史来看，创业初期仅有 8 个人的小米科技投入全部力量研发小米的手机操作系统 MIUI，而在小米手机操作系统 MIUI 发布测试期间，便已吸引了近 10 万用户，这在很大程度上增加了其研发团队的用户反馈信息，另外也验证了消费者对小米科技设计的接纳度。

小米手机如同苹果手机一样，都遵循着"产品公布——公开上市日期——消费等待——销售抢购——全线缺货"的饥饿营销模式，甚至连发布会现场都如此相似：巨幅投放显示屏，小米公司董事长兼 CEO 雷军主持的个人一个半小时的演讲……当然，小米也有本土化的独创之处。小米系统的研发是其产品核心，高性价比是小米竞争的杀手锏。不得不说这一做法取得了巨大的成功，这种围绕着饥饿营销开展的策划活动是精心而又周密的。揭秘式的饥饿营销策略，让小米的品牌影响力在短期内迅速增加，从神秘面纱被一点点地揭开那时候起，小米手机就悄无声息而又迅速地成为热门话题，成功地打造了中国本土运用饥饿营销的互联网手机品牌。

2011 年 9 月 5 日，小米手机正式开放网络预订，两天内预定数量超 30 万台，市场立即出现供不应求的状态，但小米网站却当即宣布停止预定并关闭了购买通道；2012 年 1 月 4 日，小米手机于当日 13 点开始第二轮开放购买，但未到发售时刻，小米手机官网便出现无法访问或访问缓慢的情况。在发售初期和 2016 年之前，其产品由于备受推崇而供不应求，这可以理解为市场对小米创新的追捧。但从 2016 年后小米手机出现销量下滑迹象，甚至曾一度跌出全球前五名。2019 年，小米出货量排名全球第四，距离前三巨头还是有一定差距。客观来看，作为一个智能手机界的后起之秀，小米利用饥饿营销"出位出彩"，在竞争激烈的智能手机界站稳了脚跟。其策略关键如下：

（1）前期制造话题

"神秘"这个字眼用来形容在当时还在襁褓中的小米手机再合适不过了，在其还没有问世时，各大社交网站的内部和供应商爆料就未曾停歇，一直到关键信息正式公开，宣传视频逐步能在网络上搜索到，这个过程引发了大量的猜测和话题讨论。

小米手机从研研发到正式发售的这个过程，充分利用互联网手段不断对其产品理念的各环节进行"透明化"宣传，让消费者充分了解小米手机的性价比优势，对其手机的黑科技产生期待。而且小米坚持立足于网络销售渠道，寻找到了最能认同自己科技理念与性价比追求的早期用户，从而迅速成为网络热门话题。

（2）高调出场，密集宣传

小米揭开神秘面纱后，就一改初期的低调，高调出场，通过视频直播、微博互动、BBS 跟帖的网络营销组合形式，充分发挥新媒体的绝对优势，突出关键字进行全网热点宣传。在小米手机的发售之前，雷军每天微博的发布量仅仅有两三条，但在发布会前后，微博对小米手机进行高密度的宣传，在此期间雷军等人也会参与各类门户网站的访谈活动，进行信息轰炸式宣传。小米团队在发布会的布置等细节问题上追求尽善尽美，雷军在发布会上演讲所用的 PPT 更是把控每个营销节点，不断制造话题，使小米手机在销售市场上的热度能够持续增长，在业内成为热点话题。

（3）采用预发售销售方式

消费者在小米手机举办产品发布会后会让消费者有一段较长时间的等待，并在等待之后设置一个预约环节。这种典型的饥饿营销方式，充分吊足了用户的胃口，令人们的期待达到最高，一时间抢小米成为网络热词。经过不断发酵，小米风头无两，用户将购买到小米手机视为中彩般的运气。甚至有笑话说，一些偏远地区将持有小米手机等同于拿着苹果手机一样"有面子"。在这种强大心理暗示作用下，小米引发抢购浪潮也是情理之中的事。

（4）线上抢购

这一环节便是之前所有前期铺垫的一个结果，消费者会在发售日一拥而上，导致"供应不足"，于是完成了饥饿营销的整个环节。

（5）线下活动培育忠诚"米粉"

小米公司会在一定时间内开展线下"米粉"活动，增强用户对品牌的认同感。这是小米网络社交化营销的延伸，它通过消费者的口口相传，再次将小米"为发烧而生"的理念传达给更多用户，培养忠诚用户。"米粉"一旦形成，就会一直追捧小米的系列产品，还会通过口碑带动其他用户入圈。

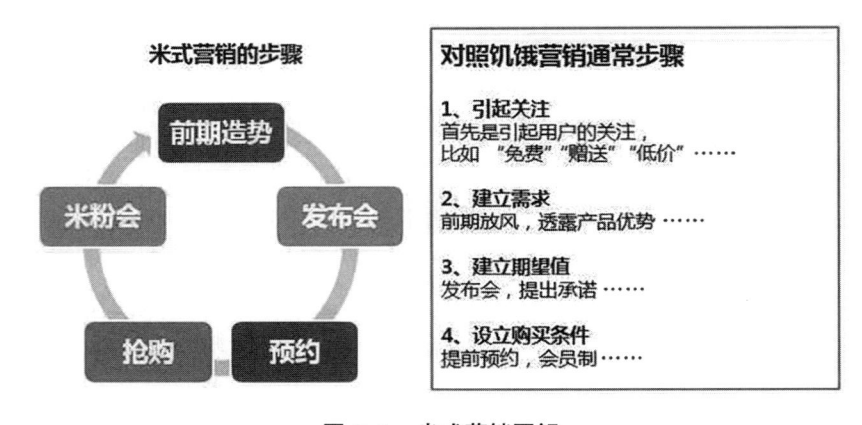

图 5-1 米式营销图解

小米手机是一个典型的以小成本、高产品附加值为抓手，通过饥饿营销建立良好品牌形象的成功案例。首先，小米运用互联网销售的模式直接降低了产品的销售成本。在小米手机问世之前，一个新兴品牌如果要在线下做到"一炮打响"，必然要在实体广告上投入一大笔资金，而且收益也不一定立竿见影。同时，在品牌建立初期，如果单纯投放实体广告，那么必然需要实体店铺来匹配，这又是一笔不菲的开销，对于一个创业初期的品牌来说，负担过大。运用互联网揭秘式的饥饿营销，能够稳打稳扎地占领市场份额，有足够的资金来维持之后的品牌长久建设。其次，提高产品附加值。对于科技产品来说，用日新月异来形容都跟不上变化的步伐，其产品更新换代的速度之快会直接导致产品价格如同"过山车"，产品要实现保值非常困难。小米手机饥饿营销的方式，会把销售数量控制在一个保证自身品牌"不掉价"的水平上，保证市场库存不会出现过分饱和，以致出现白菜价式的甩库存，消费者哪怕在降价后购买到商品，也只会觉得"物超所值"，而不会觉得产品是个便宜货。第三，减少库存量。小米手机的饥饿营销在做到产品保值的同时，降低了库存成本，减少了公司资金流通的压力。公司根据市场需求进行产品生产，一方面降低了囤积货品的风险；另一方面也会减少进行大批量生产所消耗的人力、物力，保障资金链的正常运作。资金回笼快，企业可以高效地运转。

（小米饥饿营销案例视频请参考此链接：https://www.bilibili.com/video/BV1A54y1X7QY?from=search&seid=813180789026495559）

2. 喜茶：互联网排队式饥饿营销

2017年3月31日，茶饮品牌"喜茶"发布了一个官方声明：购买饮品需要实名制。声明中部分语句是这样说的："最近我们采取了登记姓名并前台验证的措施，初衷在于遏制黄牛排队后高价贩卖顺序号，但实施后引起了不少网友的误解……有一些网友认为我们故意想要制造排队……也有一些网友认为我们是在进行'饥饿营销'……除了第三家日月光店在4月1日开业……"尽管喜茶这则声明似乎发自肺腑，但有一个事实就是：它运用了饥饿营销的策略，这个声明不过是为上海地区又一新店开业做一个铺垫。

从喜茶的发展史来看，2012年，21岁的聂云宸独自负责店面装修、菜单设计、产品调制等工作，在广东江门九中开了一间名叫"royaltea皇茶"的小店（如图5-2），每天仅能卖出几杯茶。2016年初，皇茶正式更名为"喜茶"，并于2017年2月在上海人民广场来福士商场正式营业，成为当年火爆上海滩的网红店铺，单店日营业额高达8万元。目前喜茶在全国的一线城市店铺多达300多家，二线城市的店铺多达100多家，三线城市的店铺将近100家，其中在上海、广州、深圳等地的加盟店数量比较多。

这个诞生于三线城市的茶饮品牌，用了不到5年的时间，成为茶饮行业的传奇——年销售10亿元，单店月销售100多万，曾获1亿元融资。新式茶饮店这几年如雨后春笋般涌现，但品牌销售如此成功的只有喜茶一家。为何它能做到如此火爆？这与喜茶的饥饿营销策略密不可分。排队、朋友圈刷屏、每人限购 3 杯、黄牛加价、实名制购买，喜茶将饥饿营销应用到了极致，业绩撼动了整个茶饮行业。

饥饿营销的实质是通过调控产品数量、供应时间等各种限量销售手段，营造供不应求的局面，从而不断激发消费者的购买欲望，快速提高企业知名度和品牌形象，获取更多利润。当然这一切须建立在产品自身品质的基础上。那么喜茶是如何进行饥饿营销的呢？

图 5-2　皇茶门店

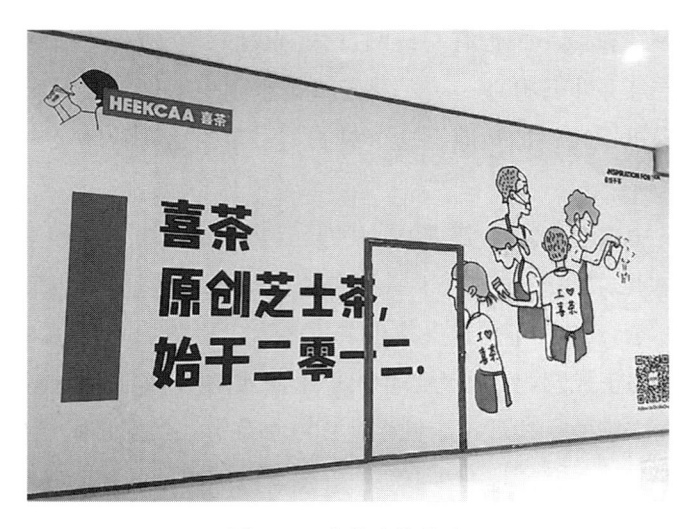

图 5-3　喜茶上海首店

（1）前期准备

喜茶在其前身是皇茶的时候，就凭借奶盐绿茶在广东地区积累了不少人气并且获得了良好的口碑。但前期由于创始人缺乏商业经验，没有知识产权保护意识，皇茶没能成功注册，市场山寨品牌层出不穷。2016年，创始人正式购买了注册商标喜茶，并将皇茶正式更名为喜茶，对整个品牌的建设方案重新进行整合，为饥饿营销做好了铺垫。

（2）与新媒体合作，渗透主打客户，以流量带动市场

喜茶开店前，首先通过微博大V及微信公众号进行密集造势，给消费者留下好印象，然后通过好评传播，让顾客不知不觉接受"喜茶就是好喝、好体验"的观念。社交媒体面对的主要群体都是年轻人，他们喜欢尝试新鲜的东西，追求与众不同。这跟喜茶的市场定位相符合。用户在餐饮界和生活类影响力较大的公众号都能看到与喜茶相关的内容，会不知不觉地产生期待。喜茶登陆上海前，就开始进行预热暖场，重点突出喜茶在珠三角引起的风潮，扩大品牌知名度。其中公众号24HOURS不仅报道了喜茶在上海人民广场壮观的排队场面，还详细介绍了如何巧用旋转杯盖，放大喜茶的包装设计细节，增强消费者对品牌的好感度。同时配合优惠互动，为喜茶吸引了更多的消费者。

（3）限量购买

前期宣传已经到位，下一步就是让用户喝上产品。当然这个过程离不开排队。喜茶将排队式饥饿营销发展到极致。为了促成消费者真正地排队，喜茶采取措施控制购买量，营造出供不应求的氛围，进一步刺激了顾客购买欲望。典型措施就是取餐控制、限量控制和购买条件控制。

①取餐控制。大部分奶茶店是堂厅式点餐取餐，做好一杯顾客取走一杯。喜茶的做法是做好8杯再同时叫顾客来取，点过单的顾客先在旁边等候，因此店里一直积压等候取单的人。在移动互联网时代，以微信服务号等方式可实现在线付款点单，或者做一个排队预约系统，都可以避免排队，但是喜茶目前还没有采取在线自助手段减少排队取餐的举措。[①]

②限量控制。喜茶一上市便吸引了大量顾客，消费需求旺盛，在中心地段门店购买一杯喜茶有可能要排2—3个小时。于是出现了喜茶代购，代购们明码标价：排队1分钟，在餐品原价基础上加价5角，有的根据地段每杯要价80到100元。有的代购会同时接好几个单，一次购买十几杯，后面排队的顾客怨声载道。迫于代购的规模越来越大，影响了排队的公平，于是喜茶制定了规则：一个排队号码只能买2杯饮品。

---

① 葛文静.饥饿营销的实践应用研究——以喜茶为例[J].商业经济，2017（8）：100-102.

③购买条件控制。高涨的人气和排队场面，也会招来质疑，有人怀疑会不会是商家安排的排队托儿。为了避嫌，喜茶又推出一个规则：要求实名登记购买。这在当时也是绝无仅有的一个限制，要知道让用户为了买杯茶如此麻烦，很有可能让人扭头就走。殊不知，在群体消费气氛的刺激下，实名购买的限制反而更加激发了消费者的购买欲望。

除了营销方式的铺垫，喜茶更是利用消费者的好奇心和满足消费者的从众心理，精准地定位品牌建设，完成全套消费体验。具体如下：

（1）定位消费人群，增加饮品种类。茶本身给人的感受是老陈的感受，年轻人对于这种单调沉闷的饮茶方式是不太感冒的，这与她们热爱的生活方式截然不同。喜茶在传统茶饮的基础上增加了年轻人所喜爱的芝士奶盖等饮品，将青年人喜爱的东西与茶文化完美结合起来，成功地用产品攻克了年轻人的味蕾。

（2）明确品牌定位，具有高颜值的包装及设计。喜茶在包装上，充分考虑了不同消费者的需求，设计了开口可调式杯盖，并为水果茶附带了叉子，整个包装设计细致又贴心，logo更是小巧可爱，符合年轻消费者的生活习惯和喜好。

总之，喜茶通过出色的饥饿营销策略，短期内把自身打造成新式茶饮品牌的一匹黑马，凭借着对产品质量的把控、精准的市场定位、精细化的门店管理，喜茶带来了一个引人瞩目的"喜茶"现象，成为消费者心中一个独特的排队式茶饮品牌。

（喜茶饥饿营销案例视频请参考此链接：https://haokan.baidu.com/v?vid=666543173621467103&pd=bjh&fr=bjhauthor&type=video）

3. 爱马仕：创造文化神秘感的饥饿营销

在2014年9月刊的《福布斯》英文版杂志中，有一篇全球创新力企业榜的配套文章，其中着重指出了爱马仕没有营销部门的这一事实。"为何要有呢？就像麦肯锡（McKinsey）没有咨询部门，微软（Microsoft）也不设软件部门一样，营销就是爱马仕的核心业务。"作者苏珊·亚当斯（Susan Adams）如此写道。[1] "我们的生意就是关于创造渴望。这样的生意会变化莫测，因为渴望捉摸不定，而我们设法用创造力加以驾驭。"的确，爱马仕家族以一种低调而又勤勉的方式，逐步成为全球最富有的家族之一，资产达250亿美元之巨。

在2017年的福布斯全球最具创新力企业榜上，爱马仕高居第13位，值得一提的是该榜的排名依据是公司市值与企业基本财务状况和资产之间的差异，即创新溢价。在奢侈品行列中，虽然很多品牌都打了各自的文化牌，但是唯独爱马仕是兼具了"文

---

[1] 无营销部的爱马仕如何做营销？[J]. 宁波经济，2017（6）：55–56.

化"与"传承"概念的。爱马仕创造了渴望,在整个世界市场范围内都维持了其品牌的神秘感和高贵感。为了一如既往地保持其不可撼动的地位,爱马仕的手段不仅仅在于创造个人品牌中可遇不可求的系列包,更在于将这种创造力和神秘感延续到互联网。如此两者兼顾,就实现了高品质且富有创造力的饥饿营销。坦白来说,这就是用保持文化神秘感的方式,将消费者对产品不可得的渴望感发挥到了极致,那么它的饥饿营销是怎样进行的呢?

（1）爱马仕的品牌定位

爱马仕的品牌定位,是其进行饥饿营销的前提。

谈到爱马仕的营销,那就必须了解这个企业的文化,因为爱马仕的饥饿营销是建立在该企业保持自己文化创造力的神秘感上的。而爱马仕的起家之作并不是现在广为人知的 kelly 包袋,而是马鞍和马具。

19 世纪的法国巴黎,大部分居民都饲养马匹。1837 年,蒂埃利·爱马仕（Thierry Hermes）在繁华的 Madeleine 地区的 Basse-du-Rempart 街上开设了第一间马具专营店。他的马具工作坊为马车制作各种精致的配件,在当时巴黎城里最漂亮的四轮马车上,都可以看到爱马仕马具的踪影。爱马仕的匠人们就像艺术家一样对每件产品精雕细刻,留下了许多传世之作。在 1867 年的世界贸易会中,爱马仕便凭着精湛的工艺,赢得一级荣誉奖项。

1879 年,蒂埃利的儿子查理·爱马仕（Charles-Emile Hermes）将家族企业扩大,他不但把 Hermes 总店搬往巴黎著名的福宝大道 24 号,与当地贵族靠得更近,还让爱马仕走出巴黎,走向欧洲各国。爱马仕制造的高级马具当时深受欧洲贵族们的喜爱,其品牌也成为法国式奢华消费的典型代表。[1] 在之后的发展中,值得一提的是:在 1951 年,爱马仕由第三代继承人的女婿罗伯特·迪马接管,从 60 年代开始陆续推出香水、西装、鞋饰、瓷器等产品,成为横跨全方位生活的品位代表,而罗伯特本人也是一名出色的丝巾设计师,他的经营使爱马仕丝巾获得了举世赞赏,爱马仕丝巾成为上流社会男士馈赠女士的礼物首选,成为标志性产品。

这种以长久文化传承的奢侈品牌的营销,必须是建立在文化的沉淀和不断创新中。以岁月为基础沉淀出来的营销资本,在其品牌对产品的不断革新的过程中,这种工艺传承的尊贵感成为消费者选择的第一因素,成为一种身份象征。

（2）坚持手工制作、小批量生产

爱马仕最擅长的就是品牌定位和品牌建设,它将自己的品牌变成传奇故事,但归

---

[1] 百度百科.爱马仕［EB/OL］.（2020-05-23）［2021-06-03］. https://baike.baidu.com/item/%E7%88%B1%E9%A9%AC%E4%BB%95/4903817?fr=aladdin.

根结底，这所有的传奇故事都是在一而再，再而三地强调一个主题：手工制作。爱马仕的所有产品，不论是手袋、钱包，还是丝巾和马鞍，都选择同一种制作方法——纯粹手工制作，对应机器时代的量产，要的就是一种稀缺效果。爱马仕用投资在手工匠人们身上的时间和金钱来打造一种高品质的象征，更在机器工业时代里形成了一种奢侈印象。该品牌的所有产品全部坚持手工、小批量制作，并且其自营工厂全在法国，不发代工。以最著名的爱马仕 kelly 包为例，其制作时长以年为计算单位，因为它的每一块皮革，都需要经过多重繁复的步骤来处理，且每只包包均有制作匠人的标记，不管是维修或者保养，都由指定的匠人负责，这种严谨的制作，就是它"一包难求"之处。如此严谨又低产的生产方式，都是为了维护该品牌的"顶级"地位。

（3）服务顶级客户

从其文化传承的神秘感，到为了维护品牌的顶级地位而坚持小批量制作，这一切都是为了服务顶级客户而进行的饥饿营销。

同样以 kelly 包为例，这款包包的起价为 8450 美元，虽然价格不菲，但仍然是很多人梦寐以求的东西，甚至是收藏对象。而这所有的一切营销重点都是围绕着顶级客户。

（4）坚持一丝不苟的创造力，服务营销

爱马仕集团每一年都会根据当下的流行或关注热点设计一个主题，之后旗下所有的产品设计、展品陈列以及主题活动都会围绕这一主题展开，这就是爱马仕营销的至关重要之处——年题。

从 1987 年开始，爱马仕在成立 150 周年盛典的夜晚，在塞纳河边举行了盛大的焰火晚会，展示出其通过优秀工艺缔造完美产品的传统精神。随后的每一年，为了适应国际市场，爱马仕都会根据不同的文化和当代人文精神，不断地发挥自身的创造力和想象力，聘用一流的艺术家进行年题的展示设计，与当地本土文化和艺术家合作，营造浓郁的艺术氛围来淡化商业气息，吸引媒体眼球，制造出反响极大的新闻报道，达到广告的最佳境界。

如此一来，爱马仕以其优秀的文化为基础，将创造力与营销结合起来，在整个消费市场赢得了关注度和好口碑，通过满足顶级客户的消费心理，再加上小批量生产的时长之久，培养了客户的渴望度和消费忠诚度，实现了饥饿营销的全部过程，打造了奢侈品类最顶级的品牌概念，成为奢华消费的典型代表。

（爱马仕饥饿营销案例视频请参考此链接：https://www.bilibili.com/video/BV1c4411K7dJ?from=search&seid=11887362767359255013）

综上，饥饿营销在奢侈品行业的优势如下：唤醒消费者购买欲；创造持续购买的欲望，培养忠诚度，维护品牌形象。

通过以上具体案例的分析可以发现，不管是电子行业、茶饮行业还是奢侈品行业，在运用饥饿营销的方式进行企业运作时，很重要的一点就是企业对自身产品质量的把控和对品牌的准确定位，只有在做好前期铺垫工作的情况下，才能把控市场产品的流通数量，以达到饥饿的状态，提起消费者的兴趣，完成持续不断的产品销售，维持良好的品牌形象，实现企业的不断盈利和长久发展。

课后思考题

1. 饥饿营销的核心是什么？
2. 试结合最新的一些案例，谈谈你认为饥饿营销应该注意哪些方面。

第六章 知识营销

"知识"能不能插上营销的翅膀？按中国传统观念，知识是"阳春白雪"，所谓"万般皆下品，唯有读书高"，知识就是象牙塔里的明珠，怎能与商业挂钩呢？实则不然。在信息时代里，知识的价值被逐渐发掘，知识和信息成为商品生产的基本要素。特别是智能技术的应用，使传统的营销方式与沟通手段发生了巨大的改变，知识型产品越发受到市场欢迎，知识营销也应运而生。如果说传统的营销还只是"卖力吆喝"，现代营销则注入了更多知识内涵，凝结了更多创意与智慧。比如以前我们买水果，只因为觉得好吃，但现在商家会告诉我们水果的营养价值，让我们从健康的角度觉得自己需要这个水果。再比如购买汽车，在资讯有限的情况下消费者只会关注品牌价格，但现在一些专业消费者还会通过各种资讯渠道了解发动机的知识，比较涡轮增压和自然吸气的区别。互联网的发达让消费者有便捷的途径来获得更专业的知识，从而为购买行为带来知识含量。这也正是知识营销出现的背景。

知识营销的诞生标志着营销理论实现了由低级形态向高级形态的转变，它是知识经济的产物，代表了未来营销理论发展的基本趋势。与传统的营销方式相比，知识营销着眼于"以知识推动营销"，通过供给来创造需求，通过需求来推动供给，具有良好的社会效益。它是传统市场营销在知识经济时代发展的高级阶段，其主要目标不是巩固已有的市场份额，提高既有的市场占有率，而是开拓新领域、创造新市场。对品牌来讲，借力知识营销，是让更多人认可品牌形象，传递品牌价值，达到"广而认知"的目的。

一、概述

（一）内涵界定

知识营销是通过有效的知识传播方法和途径，将企业所拥有的对用户有价值的知识（包括产品知识、专业研究成果、经营理念、管理思想以及优秀的企业文化等）传递给潜在用户，并逐渐形成对企业品牌和产品的认知，为将潜在用户最终转化为用户的一个过程和各种营销行为。[①]

作为企业战略管理的一部分，知识营销的本质是帮助企业在营销中注入知识含量与文化内蕴，树立品牌高端形象，打造核心竞争力，培育忠诚用户。所谓知识，并不单指书本中的"硬"知识，而是更丰富、有趣、多元的"泛"知识。通过这种泛知识的传递，企业与用户建立起深度持续的沟通和长期的信任关系。

（二）发展阶段

最初的知识营销开始于21世纪，人类正从工业经济步入互联网经济的门槛。1996年，世界经济与合作发展组织（PECD）在题为《以知识为基础的经济》的报告中，第一次正式地使用了"知识经济"的概念，并对其内涵进行了界定：知识经济是建立在知识和信息的生产、分配和使用（消费）基础之上的经济，伴随着知识经济的产生，营销理论进入了崭新的发展阶段——知识营销阶段。知识营销，是指通过知识资本的积累、信息的运用、技术及其产品的创新，不断创造和满足市场需求，依靠资本快速创造企业价值，实现企业营销战略的一种管理活动。[②]这一时期的知识营销还停留在注重信息传播，满足人们对信息量的要求层面上。

2010年以来，知识营销进入快速增长期。由于互联网流量红利的逐渐消失，各个平台都在由用户数量粗放增长驱动走向用户价值增长驱动。用户对网络知识信息的轰炸开始感到厌烦，希望得到更有用、更独到的知识，信息降噪成为用户和平台的共同期待。同时，互联网用户学历得到普遍提升，对知识信息的效率和质量也有了更高要求，"知识"的价值被摆在第一位，人们也开始愿意为知识"付费"。相较于传统知识营销的信息传播，现在人们更希望得到实用的、对自身有价值的知识。过去广告的作用是"广而告之"，而现在知识营销要做的是"广而认知"，让用户在"知其然，并知其所以然"的过程中，接受品牌所传递的信息，用知识影响用户，以知识赋能品牌价值。

（三）知识营销的特点

1. 以知识推动营销

知识经济时代，知识型产品的价值越发凸显，它为营销插上了知识的翅膀，让更多人了解了企业品牌所蕴含的知识价值，让养在"深闺"中的知识变成亲民的、人人得以了解的常识，这无疑能大大提升营销的社会效益。知识营销出现的背景是因为大

[①] 微数网络. 知识营销是什么？[EB/OL].［2019-11-16］（2020-06-12）. https://zhuanlan.zhihu.com/p/92164680.
[②] 冷克平，郑爽，邢凯旋. 知识营销与传统营销的比较研究［J］. 技术经济与管理研究，2005（2）：87-88.

量专业消费者出现,这些消费者有较高的文化水平,他们不再被动接受营销信息,而是主动寻找营销信息。在这种情况下,企业必须根据自身品牌形象规划,适时改变营销策略,以知识作为切入点,通过知识营销来传播知识,促使用户对品牌产生认同。

场景实验室创始人吴声认为,知识营销是基于内容的深度沟通与基于信用的决策影响,而认知信用则是知识营销的底层逻辑。基于知识分享产生的超级用户会与品牌建立起有生命力的互动关系,成为品牌的放大者和新用户分发渠道。企业在销售、流通的各个环节,要深入发掘文化内涵,提升知识含金量,通过企业产品知识的通俗化表达,使消费者产生共鸣,吸引那些愿意分享的超级用户,并通过他们传递给更多用户,从而建立牢固的消费关系。例如,微软公司为低收入地区图书馆配备电脑、培训人员、捐赠软件,不惜耗费巨资,这种行为正体现了"先教电脑,再买电脑"的知识营销理念。

2. 创新是关键

知识经济的一个特征就是创新,通过全面、持续的创新来产生核心竞争力。因此,知识营销要求企业在营销过程中不断创新。传统的营销早已跟不上时代潮流,只有密切关注市场动态,实现既包括制度、观念、服务等方面创新,又包括营销观念、产品、渠道、组织、方式的创新,才能保持持久的竞争优势。[①] 创新,其中一个特点是好玩有趣,如国内知识营销的佼佼者丁香园,作为一个健康科普自媒体,它在内容传播上使用了消费者接受程度更高的"趣味科普",使那些生硬难啃的医学名词术语变得俏皮可爱,更易为受众接受。

3. 交互更为密切

知识营销诞生于互联网时代,互联网的一个根本特征就是交互。因而知识营销也要建构与消费者之间的紧密互动关系。对于那些专业化程度强、集成度高的知识型产品,企业给予消费者必要的基础性知识解惑和引导显得尤为重要。此外,知识资源具有分享属性,消费者可以分享知识,企业也可以收集消费者的反馈,从中汲取经验,推动营销管理水平不断提升。

4. 新型消费关系升级

知识营销建立在双向价值共享的消费关系基础上,以知识分享的形式对用户进行

---

① 许刚. 浅论知识营销[J]. 当代经济,2009(6):48-49.

关注与挖掘，让单向传播变为互动交流，重构了内容生产者与品牌消费者之间的关系，成为知识赋能品牌价值的关键。当然，知识营销面对的用户应有一定教育层次与消费能力，他们对于消费的理解不仅仅止于购买层面，而是希望得到自我价值的延伸和满足。当消费者的实用需求和心理需求都被满足后，他们往往会将产品特点内化为自己的知识、经验、见解，并主动与其他消费者分享和讨论，变为品牌的传播者和种子用户。

二、知识营销的策略

知识营销从产品生产环节开始，只有产品注入了知识含量，知识营销才有实现的基础。在营销过程中，要将知识管理渗入其中，将市场营销中需要的各种知识进行整合、共享、创新、发布，最终实现知识的价值转化。知识营销除了给消费者提供产品本身的价值外，还能提供其他的附加价值，包括产品运行的技术原理、产品使用方式、品牌价值延展，等等。如米其林给客户提供的《米其林指南》，不仅包括旅行必备知识、如何更换轮胎等，还衍生出了米其林餐厅、米其林星级标准等一大批具有传奇色彩的产品。

从实施过程来看，知识营销相对比较复杂，它要以市场为导向，以技术为基础，以文化为动力，需要各方共同参与、彼此协调，需要对企业生产研发、市场营销、销售管理、资金支持等做一个综合性的考量。它是企业的组织结构与组织制度、企业文化、营销人员素质、知识管理能力、组织执行能力等软资源的一种体现。

1. 由"发现需求"转变为"创造需求"

传统的市场营销特别看重市场调查，主张通过市场调查和市场分析来发现消费者的潜在需求，进而生产出产品来满足需求。应该说，这种不盲目生产、注重市场实际的指向自有其合理之处，但在知识经济时代，高科技成果的产业化步伐不断加快，智能化产品更新换代加速，一个知识价值较高的产品，或者有别于传统的高科技产品问世后，短期之内消费者很难对它有全面了解，因此很难直接有消费行为。对于以创新来引领市场的高科技产品，知识营销的价值就显示出来了。就像世界上第一台个人计算机问世时，如果运用市场调查、分析预测肯定会得出没有多少人需要这种产品的结论。由此可见，传统的产品开发策略需要在新环境、新形势下有所改进，面临信息时代、知识经济的冲击，以创造顾客需求为基础的新产品开发策略必将成为知识营销的主流策略之一。从新产品开发跟进，知识营销在后面的应用也就不是无本之木、无源之水了。

知识营销在产品研发阶段还可以引导顾客参与定制，满足个性化需求。如通用汽车公司别克品牌，就积极引导顾客参与设计自己订购的汽车，客户可以自己选择车身、车型、发动机、轮胎、颜色及内饰，并可以不断更换部件，直到满意为止，这种做法无疑可以提高客户满意度，积累客户资源。

2. 通过科普性表达使产品"广而认知"

随着互联网用户教育层次的不断提升，人们对知识的认知也不断加深，不仅要知其然，还要知其所以然。品牌营销方显然要主动适应用户的这种变化，从广而告知，到"广而认知"，用知识影响用户，以知识传递品牌价值。

有些品牌的产品需要很多技术参数、理论数据复杂，且产品功能也很专业化，在这样的背景下做知识营销，需要将产品数据特性进行科普式通俗传播，让更多的人听得懂，看得明白。很多品牌选择知乎做知识营销的平台，原因就在于知乎已经形成了一个以知识分享为主的社群，有一大批专业消费者参与其中。奥迪通过知乎平台进行知识营销，把发动机和煎牛排连接在一起，不失专业地讲解科普知识，又有娱乐化的互动，令用户产生"原来是这样"的认知改变！

3. 制造话题，将知识作为引爆点

知识营销的打法也需要借助一个主题，或制造一个话题，引发专业用户回答参与，互动讨论。比如在天猫"哪些兴趣爱好改变你的人生轨迹"的品牌提问中，有人回答"做蛋糕"，有人回答"健身"……漂亮的蛋糕和满是肌肉的身材一亮相就吸引众多网友点赞！在用户积极参与下产生的内容，显然符合知识营销的出发点。在此过程中，品牌线索的预埋，产品内容的科普，粉丝价值的引导，意见领袖的培养，等等，都可以通过知识内容的互动、参与，让潜在用户了解品牌、认知品牌，进而变成认同转化。

在具体操作中，可将知识营销同其他营销手段整合起来，使其成为其中的重点或引爆点，如特仑苏与知乎合作的案例就是典型。它们将线上知识与产品外包装整合，不仅仅把知识作为一个连接器，双方合作的这样一个创新产品，也成为品牌发酵的引爆点。

4. 提供高质量的售前知识服务

传统市场营销往往更加注重实体产品的安装与售后服务，售前更注重价格比拼。随着知识经济时代的到来，许多高科技产品纷纷出现，复杂的产品功能特性决定了企业营销对用户进行售前知识服务的重要性。知识营销需要前置，在产品销售开始前就要进行产品知识的推广和普及。此外，部分消费者的知识更新速度滞后于科学技术的发展，也需要对他们进行培训与服务，从而促使消费者做出购买行为。

5. 创建共享型知识组织机制

创建共享型知识组织机制，是知识营销得以实施的强大组织内部支持体系。企业内部建设共享型文化，鼓励员工进行知识共享，这种氛围会形成组织内部的知识共享体系，不论是在研发、营销还是售后等环节中，员工都会通过这种知识共享成为知识营销的自觉发起人与实施者。知识营销的强大在于它是一种独特的思维方式，当组织内部形成了这种思维力量时，就会迸发出强大的能量，改造旧平台，创造新平台。进而在营销中赋予品牌更多的知识广度与宽度，提升厚度，形塑有内涵有质感的品牌形象。

三、知识营销案例解析

（一）特仑苏："知识营销"打造的刷"瓶"

快消行业存在一个众所周知的怪圈——产品模式极易被模仿，难以形成差异化。相比其他行业，快消产品想要单纯通过产品和价格建立较大的市场优势可能性比较小。因此，对于快消品而言，成功打入市场并占据优势的核心在于：通过品牌营销在消费者心中建立产品认知度，进而形成差异化，从而达到品牌溢价。

同是快消品的特仑苏，在高端乳品市场同样普遍面临同质化问题。如何采用创新营销手段，强化产品概念认知，吸引目标消费者，是特仑苏面临的挑战。为了达到这一目的，特仑苏没有选择时下最流行的娱乐化营销，而是开启了一场"知识营销"。

2017年5月，蒙牛特仑苏与知乎合作推出"自然的语言"的品牌活动。凭借认真专业的氛围和有趣的知识干货，知乎作为全网信任的优质内容信息源，被冠以中文互联网版"百科全书"的称号。特仑苏之所以选择和知乎合作，无非是看重了知乎平台用户与品牌用户的契合度。而且特仑苏希望传递给消费者的"天然健康有机"理念，很难通过娱乐化营销的内容方式展现。相反，知乎可以帮助品牌打造"知识"的专业形象，在泛娱乐化的快消品营销中迅速脱颖而出。为了充分将产品概念渗透到消费者当中，知乎与特仑苏用全面覆盖线上线下，又环环相扣的"三级跳"式传播，为公众验证了知乎上"知识营销"的力量。其策略关键如下：

1. 唤醒用户的好奇心和求知欲，影响种子用户

特仑苏与知乎携手挖掘了知乎站内 54 个趣味十足的自然科学知识，并以原生广告的形式投放到知乎站内。特仑苏通过高质量的自然科学知识内容来获得知乎平台用户的关注度，在赢得用户信任的基础上将这些用户发展成为品牌的种子用户，进而把这些内容更广泛地推广到整个互联网中。

2. 产品升级"知识包装"，让每一瓶特仑苏都成为一个"自然科学知识"

在第一阶段中，特仑苏与知乎合作，在线上整理了大量的自然科学知识，特仑苏将自身企业品牌与这些自然科学知识相结合，把线下消费者能够购买到的产品进行了包装上的升级与改造，在每一瓶特仑苏的包装上都附上了之前在知乎平台上所收集到的自然科学知识的二维码。这些特仑苏产品的消费者可以通过扫描包装上的二维码来获取相关的自然科学知识，这种方式强化了消费者的交互体验，同时能够促使消费者把对产品的体验感分享在线上知乎平台，越来越多的消费者在线上互相交流与沟通，这些对产品的评论反馈也转化为企业品牌内容的资产，成为企业品牌产品强有力的支撑。

图 6-1　特仑苏知识海报

3. 进军知乎机构号，搭建长期用户沟通平台

在积累了一定的品牌内容资产与品牌种子用户后，特仑苏通过入驻知乎机构号，进一步与知乎用户展开更多且长期的沟通交流。它以问答、文章等知乎用户熟悉而习惯的方式，继续以"自然科学知识"内容与用户保持"亲密度"，从而长期培养、渗透知乎上潜在的特仑苏消费者。[1]

---

[1] 教育时评在线.知乎 × 特仑苏："知识营销"打造的刷"瓶"案例［EB/OL］.（2017-08-28）［2020-01-12］. https://www.sohu.com/a/167775387_578228.

特仑苏与知乎携手完成的这次知识营销盛宴，堪称典范之作。两者的合作可以说都实现了各自的品牌目标。对特仑苏而言，知乎不仅是拥有大量用户流量的"媒介"，还是专业的知识分享平台，大量用户专业、认真的 UGC 内容为品牌产品提供了强信任背书。可以说，特仑苏高端乳品的目标消费者群体与知乎上的"高净值"用户吻合，在知乎上大量潜在的消费者有待开发。通过知识营销，被成功培育成"品牌种子"的知乎用户，不仅仅是消费者，更是品牌产品在传播过程中最具说服力的传播者，他们乐于分享且善于创作内容，既是特仑苏宝贵的用户资源，也为后者积累了品牌内容资产。

知乎平台强调"专业、认真、友善"，在这种理念的指引下，知乎平台的用户对有价值和有深度的内容会产生更浓厚的兴趣。特仑苏投其所好，以"自然科学知识"为激发点，将可读性和趣味性融为一体，同时兼具深度和专业度，从而使特仑苏的产品营销内容契合知乎用户的体验感，获得知乎用户的积极参与和互动，潜移默化地影响了知乎用户对特仑苏产品的认知，用优质的知识内容将双方距离拉近，保持了双方的亲密度。

同时，在这场别出心裁的跨界合作营销中，特仑苏和知乎的合作受到了行业到市场的一致认可，它不仅吸引了社交媒体平台用户的关注，还使这些平台上的用户给予了特仑苏大量的好评。在此之后特仑苏不断地进行升级发展，赢得了更高水准的国家级评价，荣膺中国有机乳品行业最大、最具分量的行业至高荣誉——2017 年中国国际有机食品博览会乳品金奖。此外，特仑苏与知乎平台携手合作共同创造的这一广受好评的知识营销案例——"自然的语言"还获得了世界级协会 MMA 的高度认可，并且荣获了由 MMA 颁发的移动营销策略提名奖。这样的知识营销案例在中国甚至是全球无线营销行业中留下了深刻的印迹，具有里程碑式的意义。

（特仑苏知识营销案例视频请参考此链接：https://v.qq.com/x/page/u0538x0pxcs.html）

（二）高通 5G：见字不如见面

在人们印象中的 B2B 品牌，例如西门子、阿里巴巴、360，等等，大部分的消费者对这些企业品牌都是仅仅停留在知道它们的名字，对这些企业品牌文化的了解程度相对较低，也不清楚这些企业对我们的日常生活会产生怎样的影响。因此，这些大型的 B2B 企业品牌与消费者之间的关系并不密切，还存在着一定的隔阂。在此背景下，高通选择与知乎平台携手合作，进行了一次完美的知识营销。2017 年 4 月，在知乎平台上，高通推出了《见字不如见面：我们身边的通讯史》定制版本的知乎周刊。在周刊的正文中，高通试图回顾从飞鸽传书、急脚递、旗语符号到有线通信、无线通信的通讯发展史，同时文中还设置了比如"为什么手机打电话要按拨号键，而座机不用""我们每天在说的 2G/3G/4G 的 G 到底是什么"等问题。该定制周刊以增强消费者对 3G/4G 的了解程度为传播目的，使消费者在顺利地跨入 5G 时代的同时认识到 5G 的重要性以及高通不断对通信技术的创新使世界发生的改变，充分塑造出高通与 5G 之间具有强烈的关联性，使更多的消费者形成"高通 =5G"的企业品牌形象。

图 6-2 《见字不如见面：我们身边的通讯史》定制版本知乎周刊封面

高通这次知识营销的策略关键如下：

1. 以高价值内容优先对话高价值人群

与传统媒介受众相比较，互联网用户对获取信息与知识的需求越来越大，同时由于互联网传播成本相对较低，每分钟所产生的数据信息量十分庞大，那些有求知欲望的用户要在这些纷繁信息中找出有价值、有质量的信息，难度相当大。知乎平台作为中文互联网最受用户信任的知识类社交平台，凭借其认真与专业的学术氛围，吸引了许多具有专业背景、专业知识的高学历知识青年，他们对那些较高价值的知识内容具有强烈的好奇心和求知欲。高通通过研究发现，知乎平台有关"信息技术"、"通信"等话题的关注者比较多。因此高通可以在知乎中找到与其匹配度较高的知识青年，通过他们将高通 5G 知识进行传播，在知乎平台上营造通信知识的学术探讨氛围，进而使高通 5G 得到更大范围的曝光，影响更多用户，最终达到营销目的。

高通这次知识营销的创新之处就在于以通讯的历史作为切入点，周刊正文指出，在古代我们所使用的通讯方式基本上属于一种远距离的通讯，比如我们常说的飞鸽传书、跑马驿站等。而当我们进入移动时代，通信技术的进步使人们能够借助音频以及聊天工具等拉近他们之间距离，使分散在地球上不同地方的人们见面成为可能。从前以写信为主要通信方式，人们常常会说"见字如面"，而现在通信技术发展迅速，只要我们打开手机就能够轻松地看到不在自己身边的人的音容笑貌，由此营销人员就提炼出了"见字不如见面"的想法。

2. 推出定制电子书来讲述通信史知识，深层次植入高通 5G 相关内容

提炼出"见字不如见面"的想法之后，高通在知乎平台上推出了一款特别定制版本的《知乎周刊》，其主要内容是阐述 5G 的发展给我们的生活带来的主要变化。通过这种形式高通为知乎用户普及通信知识，使这些潜在的 5G 信息接受用户携手知乎在该平台上营造关于 5G 通信知识传播与推广的学术探讨氛围，同时作为具有较高知识传播价值的知乎种子用户，他们会精选知乎平台上一些与通信相关的讨论和问题，把丰富、有趣的通信问题与深入浅出、有理有据的回答内容结合起来，最终将这些知识在互联网进行更大范围的传播。

3. 高通通过建立知乎机构账号向知乎用户传播通信类知识，提升了通信知识传播热度

高通在知乎平台上建立机构账号，在平台上发布或分享许多与通信相关的知识和文章，并充分利用知乎平台"问答"形式的优势，以用户提问和高通回答的方式加强双方的交流与互动，提高通信话题的传播力度，培养了更多的高质量种子用户，从而在知乎平台上营造出交流探讨通信知识的学术氛围。

4. 知乎平台设置高通的开屏创意广告，发布专业化的高通 5G 内容

知乎平台以创新性的形式，即利用用户进入 App 时的首页开屏广告，向知乎用户传播高通 5G 知识内容，吸引用户的注意力，使用户主动发布与高通 5G 有关的话题并积极进行探讨，当热度达到一定程度时一些知名的科技媒体也会参与讨论，由此高通在知乎平台上完成了由"核心求知用户"这样的社群模式向"广泛求知用户"的社群模式的转变。

当一切完成之后，高通与知乎平台的合作获得了超乎预期的效果。知乎平台上关于高通的话题热度与讨论度迅速增长，这些使用知乎平台的用户看到广告时就会立即在知乎平台上发布提问并积极与每一个用户对高通广告内容进行讨论。用户对高通的讨论浏览量超过 7 万次，这样的热度迅速吸引了类似"极客公园"这样的知名科技媒体的回答与评论。对高通公司来说，第一天在知乎平台上进行广告投放后所获得的积极、客观、真实的反馈与评价，能够促进高通对未来传播企业知识内容质量的提升，是一次前所未有的体验与经历。在这次高通与知乎平台的合作中，高通获得了非常完美的传播数据：全网平台高通定制电子书下载量超过 15 万次，开屏广告曝光量超过 1600 万次，两天内有超过 130 万知乎用户主动点击广告，阅读高通 5G 知识，广告点击率远高于行业水平，点击数量超出预期 226%。

在这次的知识营销过程中，高通深度走进知乎，以具有创新性的"知识"对话"科技"的内容营销促使多方受益。这样的营销形式使互联网用户形成对高通 5G 技术的高价值存在意义的广泛认知，获得超乎各方预期的知识传播效果，很大程度上提升了高通企业的品牌及其产品对消费者的吸引力，有效地开创了一种 To B 的行业营销新格局。同时，知乎平台的用户也能够通过本次营销学习关于高通 5G 的高质量知识内容，促成一次用户对通信领域知识的求知浪潮。[①]

（高通知识营销案例视频请参考此链接：https://v.youku.com/v_show/id_XMzA0NzgyOTkwNA==.html?spm=a2h3j.8428770.3416059.1）

（三）知乎：最好的知识营销平台

其实近几年很多全网的热门话题都是源于知乎的讨论，甚至一些现象级的事件、电视节目，也都在知乎上形成热议。为什么知乎可以成为网络话题引爆的核心？

知乎是一个创立于 2011 年的知识分享型问答社区，其主要的产品包括视频问答专栏文章、知乎社区、知乎日报 App、读读日报 App、知乎圆桌、知乎周刊、知乎想法、知乎周刊 PLUS、知乎大学、知乎书店、知乎·盐系列电子书、知乎直播，等等。2013 年 3 月，知乎突破了原本采用的邀请制的注册方式，转变为公众开放的注册方式，这使得知乎平台的用户数量激增。2016 年 7 月，知乎推出了以企业品牌的名义所运行的机构号，由企业组织内部员工运营与维护，促进知乎平台用户对实际问题的解决，为企业品牌在知乎平台进行营销活动奠定了基础。2017 年 8 月，知乎顺应时代潮流，推出类似于微博与微信朋友圈的新产品——知乎想法，使平台用户能够以一些短内容来

---

① 高通，知乎. 高通 5G：见字不如见面［EB/OL］.（2017-09-26）［2019-09-18］. http://a.iresearch.cn/case/6336.shtml.

记录自己的经验与见解。2018年4月，知乎正式上线了一款音频付费产品——知乎·读书会，在以专家讲解为主的基础上加入了名人领读这一具有创新向的内容形态。2019年10月，知乎平台推出知乎直播这一产品，主播能够更加直接地向平台用户分享知识与见解，进行实时的交流与讨论。总之，知乎平台所有产品自成立之后便在不断地进行知识内容的传播与交流，对于知识内容原创性要求较高，涵盖了各个专业领域的知识。知乎现已完成F轮融资，成为独角兽公司。

知乎作为企业进行知识营销的国内第一平台，在探索与创新商业化模式的道路上结合自身的知识生产能力，一直在进行探索。知识营销作为知识经济时代的产物，利用有深度的知识内容使消费者对品牌固有形象产生改观，实现品牌与消费者之间的价值共鸣。在这种背景下，知乎作为一个将UGC、PGC、OGC这三种内容生产模式相融合的知识问答网站，能够将社会各个领域的碎片化知识集合于自身，传播具有高价值与高原创性的知识内容。知乎有着数量庞大的优质用户群体，他们在自身的专业领域拥有较高的威望，能够向平台其他用户提供专业性较强的知识内容。

以上这些都表现出了知乎与知识营销之间的贴合性，它使知乎能够利用自身所拥有的高价值知识内容优势开展一系列的知识营销尝试，以知识为基点将品牌原有的广告内容通过各种新形式展示给消费者。知乎平台的知识营销最终实现了从"广而告之"到"广而认知"这样的转变，在其营销过程中，企业传递给用户的不仅限于知识内容，更包含了企业品牌的文化与价值。知乎的知识营销能够取得良好的效果，其策略关键如下：

1. 知识生态成为社交网络的价值中心

知乎建立了一个知识生态体系，并以此作为社交网络的价值中心。每个用户都可以进行提问，在一个提问主题下，各种内容都会得到深度挖掘，即便是专业性非常强的内容。知乎汇聚了众多有知识有专业深度的网友，利用他们的创造力产生了一个高价值的社交网络。知乎基于用户点赞等互动机制突出了更优质有效的内容，让优质内容得到更多曝光。优秀回答者作为不同行业的意见领袖，为知乎平台提供了更多的知识内容，为网友创造了阅读获知的深入价值，一个主题与众多优秀回答者的参与共生，形成了平台的可持续价值。知乎的价值源于高价值的内容，专业的网友，这一切使知乎有别于其他平台，成为知识生态的建构者。

从知识营销角度看，在知识经济时代，有深度且质量较高的知识内容在品牌营销中能够获得更大的影响力。在知乎和芬必得携手打造的知识营销案例中，芬必得通过知乎向平台用户普及关于疼痛的基本知识以及布洛芬对人体疼痛进行治疗的药理知识，将疼痛与止痛两者的专业性知识相结合，作为此次知识营销的内容，同时引用一些科普性较强、有深度的文献，用知识内容激发用户的兴趣与好奇心，使用户对品牌产生更加深层次的认知与了解，引导知乎平台上的潜在消费者关注疼痛、关注健康。同时，芬必得也展现了其品牌形象与品牌文化。

2. 以立体化传播渠道传递品牌价值

知乎在知识营销过程中，充分利用线上线下多种平台对品牌知识内容进行传播，向各个平台的用户传递品牌价值。知乎设置有一系列的功能板块，用户可以通过合理运用每一个板块获得满足自身需求的品牌优质知识内容，并将一些有价值、有深度的知识内容通过"点赞""转发""收藏"等方式传递给平台中的每一个用户，实现品牌知识的线上扩散。同时，知乎建立了官方微博、微信公众号，且知乎平台上在专业领域具有威望的意见领袖也开设了个人微博账号，每个与知乎相关的账号都能够在知乎知识营销过程中对品牌知识内容进行协同传播，吸引更多用户的注意力，扩大品牌传播影响力。此外，知乎还在线下开展盐沙龙活动，通过邀请专家对品牌知识进行分享，并与用户进行交流，这种活动与知乎的线上知识营销相结合，产生了强大的传播效果，传递出品牌的价值。

3. 以情感化沟通方式强化品牌记忆

当品牌想要通过知识营销获得更多的消费者时，其不仅要向用户传播优质专业的知识内容，还必须通过情感化的沟通方式打动用户，赢得更多的消费者。知乎在知识营销过程中，不仅向用户传递深度知识内容，也为品牌提供了情感式沟通。在知乎与QQ音乐合作的知识营销案例中，知乎首先在平台上提出"'喜欢你'用歌词怎么翻译"这样一个问题，随即便得到了许多用户的回答，每个用户都在用音乐及歌词书写自己的故事，随后QQ音乐将这些回答中涉及的音乐进行整合并设置榜单，获得了极高的播放量和收藏量。知乎通过情感化的沟通方式拉近了品牌与消费者之间的心理距离，使双方形成强烈的情感共鸣，强化了品牌在用户心中的记忆。

知乎作为一个知识问答社区，拥有高素质用户群体以及有深度的知识内容，其在与企业品牌合作进行知识营销的过程中，不断进行探索与完善，找到了与自身特色契合的知识营销模式与策略，提升了用户与品牌之间的信任度，在满足用户需求的同时品牌也获得了目标消费者。

可以说，知乎以"知识"为连接，构建了品牌与用户的生态体，一切因"知识"而变得"妙趣横生"。

（知乎知识营销案例视频请参考此链接：https://www.bilibili.com/video/BV1Z4411b7Cy?from=search&seid=4369212379741764450）

课后思考题

1. 知识营销的核心要素是什么？
2. 如何看待从"广而告之"到"广而认之"的变化？

第七章　体育营销

无论你是看到三分扣篮就会忘情吼叫的篮球迷，还是苦苦等待90分钟之后看到那最后一秒绝杀进球肆意流泪的足球死忠，抑或是每天打卡10公里的跑步达人，甚或你根本不是一个爱体育的人，但无论你走到哪里，都会发现有人在运动健身或者跳广场舞。街头有跑步、跳街舞、玩滑板的人，公园有进行篮球、足球、游泳等项目的市民，商场内则是一群群健身狂魔在健身房中挥汗如雨。体育，已经是当代生活的重要组成部分。

伴随着改革开放与市场经济的不断发展，我国人民的生活水平得到了显著提高，人们已经不再满足于衣食住行等基本的生活需求。在可支配收入与闲暇时间大量增多的情况下，休闲娱乐、健康生活成为人们所追求的热点。体育运动作为一种放松心情、强身健体的重要方式，近年来越来越为人们所热爱，体育运动发展十分迅猛。同时，体育这一资源已经得到了市场的充分认可，越来越多的企业正在大力进军体育领域，利用体育资源进行营销推广，构建自己的企业品牌。

移动互联网的到来以及社交媒体平台的发展，推动体育运动发生新的变化，同时也带来巨大的商机。新媒体时代，体育赛事已经由电视大屏走向了新媒体小屏，各大优质赛事（如欧洲五大联赛、NBA、欧冠）的新媒体受众超过了电视受众。新媒体的崛起大大促进了体育的传播，体育爱好者数量激增。另外，互联网新媒体还将体育进行了线上线下的连接，人们想要打一场篮球，如今不再需要到场地现场付费，而是可以通过App或小程序等直接线上付款预订场地，到球场后扫码入场即可。可以说，新媒体的到来，让体育资源的价值得到了深度开发，也让体育的普及度大大提高，体育营销已经成为当今企业间竞争与获利的重要途径。因此，现在企业将目光对准体育领域，结合新媒体，纷纷展开体育营销，在经营体育赛事的同时，也依托体育赛事进行体育品牌营销，提升公司知名度，获取高额利润。

一、概述

(一) 体育营销的内涵界定

体育营销的定义有很多种,从不同的角度进行定义会有着不同的内涵。目前国内外的诸多学者对于体育营销的有关认识,主要分为两种:一种是以体育赛事资源本身作为营销主体,通过赛事活动的运营,让体育赛事成为一种商品,来吸引广大体育爱好者的注意力,并进一步认可、前来消费,以此来体现体育营销的巨大价值。另外一种则是以企业作为营销主体,它们将体育赛事资源作为一种营销媒介,通过赞助、新媒体线上推广等途径,提高企业的认知度,推广企业的产品,从而更好地满足消费者的需求,得到消费者的认可,实现企业自身的营销价值。总体来说,体育营销就是企业依托体育赛事等体育资源,将企业文化、体育文化、品牌文化等进行融合,在满足消费者体育内容需求的同时,提高自身品牌价值及知名度的营销活动,它属于市场营销中的一种。事实上,尽管以上两种关于体育营销的认识角度有所不同,但都有着相同的目的,就是为了实现企业价值,提升知名度,获得利润。比如,中超联赛有限责任公司以运营中国足球超级联赛为主业务,将中超联赛这一体育赛事资源进行营销,通过赛事本身的版权、票务、冠名等获得企业利润,而中国平安等企业则在赞助联赛的同时,获得了广告位、冠名权等权利。通过赞助,企业品牌知名度得到传播与提高,带动了企业产品的销售,由此赚取利润,实现企业价值。获利,是体育营销的最主要目的。

(二) 体育营销的发展阶段

1. 传统模式体育营销的形成

体育营销始于20世纪70年代的西方,国内则起步于20世纪90年代,较为滞后。尽管"体育营销"一词在1978年美国出版的《广告时代》杂志上第一次登上历史舞台,但是在此之前,可口可乐公司已经在体育赛事中进行了以赞助为主要形式的体育营销活动。

最初阶段的体育营销是靠赞助模式来进行的,这也是当今体育营销的一种重要手段。可口可乐,这家全球著名的碳酸饮料公司长期活跃在赞助活动当中,在各种大型的体育赛事上我们都可以看到它们的身影。在1928年阿姆斯特丹夏季奥运会中,可口可乐首次成为奥运合作伙伴,从此延续至今,不曾中断。这是企业第一次真正将体育营销运用到市场经济中，同时也开启了体育营销最初的赞助模式阶段。从此之后，赞助、冠名和明星代言成为企业参与体育营销的重要方式。比如闻名世界的运动品牌阿迪达斯，其旗下签约明星涉及各个领域，他们之中有叱咤运动场的球星，亦有当红的娱乐界歌星、影星。通过与明星的签约代言，阿迪达斯的产品在消费者当中的受欢迎程度得到提升，篮球爱好者会购买阿迪达斯生产的哈登等 NBA 巨星的战靴，一些足球迷会为自己挑选一双梅西同款球鞋，跑步爱好者则希望得到一件陈奕迅、彭于晏代言的速干衣。又比如，自 2014 年首届武汉网球公开赛开拍以来，东风汽车集团有限公司就一直冠名该赛事，五年时间，东风公司与武网一同经历了从零开始到名动世界的过程。通过对武网的冠名，东风公司的汽车品牌五年间得到了非常高的认可，直接推动了公司效益的提升，树立了良好的企业形象。在不断发展国内市场的同时，东风公司也借助武网这个平台，将企业推向了海外，逐步跻身国际成熟市场，扩大了东风品牌全球知名度与影响力。另外，国际知名手表品牌劳力士，通过与费德勒的合作，将其高端品牌与顶尖运动员以及高端网球赛事三者无缝衔接，保持了其品牌的高档定位与知名度。

2. 新媒体体育营销时代的到来

随着互联网的快速发展，体育营销的方式出现了新的变化。在传统赞助、冠名等模式依然拥有举足轻重的地位的同时，依托互联网和新媒体进行体育赛事营销的新模式悄然崛起，体育营销发展到了"互联网+"阶段。依托新媒体，体育营销可以通过线上线下相结合的模式来完成，即 OTO（Online To Offline，从线上到线下）模式。在线上模式中，体育赛事的版权营销，是当今各大体育媒体巨头竞争的热点。早在 2015 年 9 月，体奥动力以 5 年 80 亿元人民币的"天价"获得 2016—2020 赛季中超联赛的全媒体版权，中超公司只此一项获得的巨额利润远超中国平安保险集团股份有限公司对中超联赛的 2014—2022 赛季共 9 年 16 亿元的冠名费。又如体育新媒体行业的巨头腾讯体育和苏宁旗下 PP 体育，两家企业分别主攻篮球与足球领域，腾讯体育将 NBA 在中国的版权收入囊中，PP 体育则豪购欧洲五大联赛、欧冠联赛、中超联赛等优质足球赛事的全媒体版权。版权竞购成功后，各平台再通过会员制的形式，推行付费观赛模式，赚取利润。另外，有了互联网，如今体育赛事运营方的售票、纪念品销售、配套餐饮服务等环节都可以在网上完成，消费者只需要用手机在相应的程序里下单，完成网络支付即可在线下取票入场观看比赛或领取自己订的赛事纪念品，省去了以往到现场排队购票或领取纪念品的冗长时间。

新媒体体育营销还有一种特殊形式，即新浪体育为代表的自营体育赛事模式。在版权资源几乎被 PP 体育与腾讯体育瓜分的情况下,新浪体育转型成为体育赛事经营公司,通过与其他地方实力体育企业合作,新浪体育自主创办了诸如 3×3 黄金联赛等赛事,又利用自身网站、微博等新媒体优势,将赛事在全国迅速宣传开来,吸引了无数体育爱好者关注、参赛。

总体来说,体育营销伴随着时代的进步与科技的发展而发展,尤其是互联网和新媒体的发展改变了体育营销的方式。从赛事运营方来讲,它经历了由广告赞助为主到全媒体版权为重的过程;对于企业,则从线下实体位广告赞助,走向线上线下相结合的广告投放战略;而对于消费者,则是实现了从以往"有什么看什么"到现在"想看什么就选什么"的转变。

(三)体育营销的特点

体育营销是依托体育赛事优质资源,充分挖掘其巨大价值,获得高额利润的营销行为,它具有系统性与长期性、互动性与体验性、文化性的特点,[①] 这些特点为体育营销带来了极佳的传播效果。体育营销拉近了体育、企业与消费者三方的关系,它让体育更好地走进大众的生活,也使消费者在看比赛的同时,可以切身体验体育运动,企业则依托体育资源来宣传自身品牌并刺激消费,获得更丰厚的利润。

1. 体育营销的系统性与长期性

体育营销是提升企业品牌价值的一种战略,与营销中的其他模式不同,体育营销中体育赛事是传播的载体,企业通过把品牌和产品植入到体育赛事当中,借此与体育用户发生关联,并将体育文化与企业品牌文化融合在一起。成功的体育赛事品牌往往凝结着体育迷强烈的情感寄托,企业可以通过与赛事的关联建立与用户的情感联系,进而推广自己的品牌和商品。要想取得体育营销的成功,简单的资金投入无法取得令人满意的效果,它要求品牌与其依托的赛事、明星有着精神上的相近性,能对体育爱好者产生长久的影响,从而提高品牌在体育爱好者与消费者中的认知度,达到最大化效果的传播。要将体育营销的效果最大化,就要把体育赛事带给人们的情感共鸣与渗透长久维持下去,加强广大消费者对体育营销内容的认同感。

2. 体育营销的互动性与体验性

随着互联网的飞速发展,我国已经进入了体验经济的时代。对于消费者而言,过

[①] 姜山. 民营企业体育营销在市场营销中的重要性 [J]. 中国商贸,2011(27):39-40.

去单一的广告与产品介绍已经无法有效推动其消费行为的产生，消费者更希望从体验与互动中找到产品所蕴含的价值和趣味，而体育营销正是拥有这些特点的营销模式。体育营销可以让消费者在观看赛事的同时，切身体验体育运动，这有助于消费者提升参与感，从体验与互动中增强对该项目和投放品牌的认可。比如，在欧洲足球冠军联赛的球场外，会有赞助商喜力啤酒举办的射门活动，在这里，球迷可以亲自体验射门的乐趣，将自己置身足球运动中，同时如果有球迷射中高分区域，则可以获得喜力带来的礼品。球迷在踢球射门的同时，可能会关注到喜力啤酒的品牌文化，进而激起消费欲，喜力则在体验与互动中收获效益。

3. 体育营销的文化性

体育营销依托体育这一载体，必然同体育一样拥有鲜明的文化性。文化性不仅是体育长期积淀下来的丰厚底蕴，也是各个企业自身文化的体现。企业需要把产品同体育赛事的文化与精神相融合，实现体育文化、企业文化与品牌文化的互通，抓住消费者的心理，打造契合该运动的产品，让消费者"爱屋及乌"，由此刺激消费，提高购买率。

（四）体育营销的类型

体育营销大体包括两种类型，即以体育资源本身为主体的体育赛事营销和以企业为主体的体育品牌营销。

1. 体育赛事营销

在体育赛事营销当中，优质的体育赛事资源是营销的核心，运营方手握优质资源，让体育这一特殊的"商品"能够吸引广大目标群体的注意力，使其可以接受和认同并前来观赛消费，以此来实现体育营销的价值。[1] 比如，中国 CBA 公司运营 CBA 篮球联赛，八方环球体育娱乐公司运营旗下多种国际体育赛事，武汉体育发展投资有限公司经营武汉网球公开赛以及武汉马拉松。每项运动都有其特定的喜好者，体育赛事营销者需要抓住群体定位，深度挖掘赛事资源价值，通过体育赛事吸引体育迷们来消费。

---

[1] 秦香. 体育营销手段对消费者的品牌认知影响研究 [J]. 西安体育学院学报，2018，35（05）：571-576.

2. 体育品牌营销

体育品牌营销，是指企业依托体育这一媒介，使自己的产品知名度得到广泛且有效的宣传与推广，在消费者中获得好的传播效果，提高自身产品的销量，从而达到企业品牌推广和产品营销的目的。例如，著名体育运动品牌安德玛出资请 NBA 巨星库里为其代言，蒙牛集团赞助 2018 年俄罗斯世界杯，苏宁集团在旗下 PP 体育直播的足球赛事中口播苏宁电器广告。这些企业虽然在营销的策略和方式上有所不同，但是它们都没有直接参与体育赛事的经营，而是依托体育宣传自己，其殊途同归的本质都是借体育营销实现企业自己的品牌营销。

二、体育营销的策略

（一）重视体育营销的系统性与长期性，做好规划

在当前这个快节奏的时代里，我国的体育营销出现了急功近利、"只求一锤子买卖"这样的现象，部分企业忽视了体育及体育营销的系统性与长期性的规律特点，只希望通过直接了当的方式，在短期内快速获得利润的回报，但结果往往不尽如人意，有的企业甚至是"血亏"。体育营销不是简单的生活必需品买卖，而是优质的情感消费品经营，它的效益是要通过耐心的长期投资和经营才能实现的。因此，要想取得体育营销的成功，企业需要充分认识并注重其系统性与长期性的特点，做好精心、正确的未来长期发展规划，根据自身的实力、特色等选择最有效的营销模式，不能盲目跟风。比如，足球作为世界第一运动，拥有基数庞大的球迷群体，众多企业纷纷想借助足球来发展自身，但是"玩足球"的模式却得量力而行。拥有一定实力的企业，可以通过投资、控股足球队的形式直接参与足球赛事来进行经营，而更多的企业选择的还是冠名、赞助、入股等形式来实现体育营销。只有从自身实际出发，尊重规律，做好科学规划，不盲目跟风、不胡乱投资，才能避免"赔钱赚吆喝"，才能使企业的体育营销取得良好效果。

（二）注重与消费者的互动，提升用户线上线下体验

在体验经济时代，"体验"对于消费者产生消费行为有着直接推动作用，千百次的广告播放不如消费者一次亲身体验，一次体验往往就直接决定了消费者对品牌产品的感觉、印象与认可度。高强度与快节奏的现代生活，不仅催生了人们碎片化阅读习惯，还带来了直接、简单、实用的体验需求，尤其是新媒体盛行的今天，所有的商品信息

都可以被简洁明了地呈现在手机上,只要滑动屏幕,我们就能看到想要的信息。因此,人们需要的不再是耐心听取销售人员一一介绍产品的优点,而是在短时间内体验到产品的价值,在心中做出是否购买的定论。体育营销要想挖掘更多以赛事为核心的连带价值,必须重视互动与体验。

目前,许多大型体育赛事的运营方以及赛事的赞助商们,都投入了大量精力在消费者体验上。例如每年的武汉网球公开赛,网球迷们除了可以购票观看一天的精彩比赛外,还可以来到广场上规模庞大的网球嘉年华区域进行一些列活动体验。在这里,球迷朋友可以挥拍击打网球,也可以坐进驾驶室感受赛事冠名商东风汽车相关车型的驾驶感,更可以在体验了一圈,稍感干咳的时候喝一杯 VOSS 的矿泉水。不仅如此,武汉网球公开赛的微信公众号里还设置了有奖竞猜区,竞猜成功的幸运儿可以得到相应的奖励。又如在 PP 体育的 App 页面内就设置了游戏中心,在这里,所有登录 App 看球的球迷都可以畅玩"点球大战""巅峰足球"等在线体验游戏。通过体验游戏,球迷们在看球的间隙,可以自己如同身临其境般进行一次模拟比赛,更好地接触足球运动。这样一来,PP 体育对球迷的吸引力又有了增强,"吸粉"效果提升。所有这些,无不是在体验服务下进行的体育营销,这样既避免了过度宣传的烦琐,也不会让消费者产生对产品的误会,所有产品价值消费者都可以自己感受到,从而可以在较短时间内促成消费行为。

(三)明确自身定位,树立形象,精准投放

企业要获得收益,一定是与消费者的认可和信任直接挂钩的,拥有好收益的企业毋庸置疑是得到了消费者充足认可的企业。因此企业要树立良好的品牌形象,结合自身的领域、结构、实力、发展模式等作出正确的定位,制定出与自己契合的体育营销道路。同时,企业需要注重精准投放,作出决定前,要深入了解体育赛事的文化历史、特点、普及程度等各方面与企业文化、品牌产品功能的相关性,找到共同点,将有限的运作资金用在最能有收益的地方。例如,在篮球比赛中,准确性的比拼是关键,投篮则是得分的最基本方式,中国人寿公司抓住"投篮"与"投保"两者中的"投"字,精准投放,赞助了 CBA 联赛,在广告中以一句"要投就投中国人寿"给篮球迷们留下深刻印象,达到了极佳的宣传效果。而 CBA 逐年火爆的行情,也带动了其版权的不断增值,新崛起的优酷体育以及咪咕体育瞄准这一趋势,依托自身母公司在信息化方面的优势与企业资本实力,于 2018 年先后购得 CBA 未来两年的新媒体版权,成为其新赛季的新媒体合作伙伴。在足球领域资源几乎被垄断的情况下,涉足火爆度攀升的 CBA 联赛,是优酷及咪咕在精准投放下的一次体育营销。

（四）构建新媒体平台体育营销模式

互联网技术的飞速发展，使得人们获取信息的主要渠道逐渐由以往的报纸、广播、电视等转为以网络为核心的新媒体。随着网民数量的不断激增，体育营销走向"互联网+"的模式已是必然选择，体育赛事运营方以及赞助商企业同新媒体的合作日趋增多。体育赛事方依托网络，运用官方网站、第三方平台或 App 等渠道进行门票销售；新媒体平台高价购买体育赛事全媒体版权；体育用品企业在大型电子商务平台开设官方旗舰店，在线进行产品销售；企业与体育赛事合作，在新媒体直播平台上投放广告等都是如今"互联网+"体育营销主要的形式。比如，安踏体育在签下 NBA 金州勇士巨星汤普森作为品牌代言人的同时，在腾讯体育 NBA 的直播中投放了背景屏幕的封面广告，转播镜头一切换到演播室，显眼的安踏广告便会映入观众眼中。另外，主持人与嘉宾的转播席上也摆放了安踏篮球鞋系列的品牌战靴，非常醒目。

（五）注重体育文化与企业文化的融合

企业与体育赛事的营销合作一定要做到匹配，企业产品要寻求与所赞助赛事的契合点，抓住目标消费群体的特点与兴趣，把企业自身的文化同体育赛事的文化相融合，使两者相互匹配，才能达到有效的营销，并提高企业的营业效率和收益率。企业可以通过体育营销与消费者建立相对良好的营销关系，并依托体育赛事这个载体找到两者之间的共同点，相互之间逐步形成共鸣，这样可以避免企业生硬的赞助广告投放以及其引导式的品牌传播形式，提升消费者对企业品牌的兴趣度，进而让消费者自己主动接触感受产品，作出消费选择。

三、体育营销案例解析

（一）恒大集团，开创中国体育新纪元

恒大集团成立于正值亚洲金融危机的 20 世纪 90 年代末期，经过十几年的不断发展，在众多房地产公司当中脱颖而出，成为一家在香港上市并且拥有过亿销售额的国内知名企业。之后恒大集团发展成为一个以房地产为主，同时发展体育、旅游、保险、粮油、健康等方面的多元化集团企业。

提起恒大集团，人们第一反应会想到的是中超劲旅广州恒大足球队（现更名为广州队）。的确，恒大集团旗下的广州恒大足球队在数年间的强势表现以及取得的骄人成绩，不仅使中国足球再次火爆起来，还使球队成为了恒大集团体育营销的代名词。

图 7-1 恒大冠军海报

梳理恒大集团在体育界发展的脉络，发现其发展战略有着循序渐进的特点。

1. 积极赞助体育赛事

恒大集团的体育营销最早也是从协办和赞助体育赛事的方式开始的。早在 2004 年，恒大集团就积极协办了广州国际龙舟赛，同时赞助了乒乓球男子世界巡回赛，并在此后几年里持续高额赞助乒乓球赛事。通过赞助切入体育营销，试水营销效果，也为今后直接组建俱乐部打下了伏笔。

2. 组建职业体育俱乐部，推动体育营销转型升级

2009 年，恒大集团体育营销迈上了一个新台阶。这一年，恒大集团出资 2000 万元人民币组建了国内第一支企业独立经营的女子排球俱乐部，并以 500 万元高薪聘请国际影响力极高、中国女排旗帜性人物郎平担任主教练，同时招揽了一批国内顶尖运动员。这支队伍从组建伊始，就取得了很高的社会关注度。在教练、队员及俱乐部工作人员等共同努力下，球队取得了国内联赛 A 组冠军以及世俱杯前三的好成绩。

2010 年，恒大集团以一亿元买断了处于漩涡中、因行贿而降级的广州白云山足球俱乐部，并将其更名为广州恒大足球俱乐部。那时的中国足球，正处于反腐风暴之中，

各大企业都避之唯恐不及，而恒大集团却斥巨资收购足球队，这使得社会关注的焦点再一次投射到恒大集团身上。广州恒大足球俱乐部的成立，开启了中国足球发展的新纪元，将处于低潮的中国足球重新拉回到火爆的状态。与成立排球俱乐部一样，恒大集团在足球俱乐部成立伊始，就花重金聘请知名教练、购买国内外知名球员，球员的转会费更是一次次刷新纪录。不仅如此，在2014年，阿里巴巴宣布入股恒大俱乐部，两大巨头企业的联合再一次引爆了全社会的热点。在高投入之下，广州恒大足球俱乐部取得了光辉的成绩，至2018年取得中超联赛七连冠、亚冠联赛两次问鼎等都创造了中国足球的新纪录。

恒大集团通过协办、赞助体育赛事的体育营销方式，达到了依托体育载体，宣传企业产品，促进主业发展与提升品牌形象的效果，将恒大集团从广州推向了全国。组建排球俱乐部和足球俱乐部，利用体育明星效应与球队成绩，推动恒大走向了世界。恒大集团与郎平的签约仪式，受到了100多家媒体的报道，广东电视台甚至进行了现场直播，如果用广告费来计算，此次宣传花销高达亿元，可以说恒大用郎平500万元的年薪换取了价值亿元的宣传效果。而足球俱乐部取得的骄人成绩，更是引来了《新闻联播》的报道，恒大集团的知名度享誉全国。不仅如此，体育营销的运用和优化，还推动了集团其他产业的发展，使恒大集团逐步成为一个国内外实力雄厚的多元化集团企业。

（恒大体育营销案例视频请参考此链接：http://sports.cntv.cn/2014/01/16/VIDE1389870003644583.shtml）

（二）新浪体育，后版权时代打造自营赛事IP

新浪体育是我国最早的一批门户网站互联网公司，成立于1998年。在20多年的发展历程中，新浪体育逐步从门户新闻网站成为了大型体育赛事直播平台，在国内拥有大量的受众。从2015年起，新浪体育开始转型，由体育媒体转型为体育公司，开启了后版权时代的新浪体育营销模式。

2015年，在国务院的46号文件政策红利、媒体格局转变以及中国版权时代发生历史性变化的情况下，新浪体育走上了转型之路，成功由体育媒体平台过渡成为体育产业公司。自2015年起，新浪体育创办经营了包括3×3黄金联赛、5×5足金联赛等9大自主IP赛事，参与人数逐年增长，2018年就吸引了超过十万人参加。新浪网高级副总裁、新浪体育总经理魏江雷说过："版权能够满足体育用户，但是体育的参与则是需要更多的落地赛事，这就是新浪体育在后版权时代的目标。"

图 7-2　新浪黄金联赛海报

总结新浪体育的成功之道，主要有如下几个方面：

1. 自主打造赛事 IP

新浪体育通过对自营体育赛事的经营，在版权巨价竞争时代开启了新的体育营销方式，在留住了大量网友的同时，也吸引到了一大批热爱体育运动的社会各界人士参与到赛事中。新浪体育的 3×3 黄金联赛，已经获得了国际篮联的官方认证，所有参加比赛的球员都可以获得相应的国际篮联积分以及排名，这就使赛事的魅力与火热度大大提升，社会知晓与参与度持续提高。2017 年 6 月，三人制篮球成为奥运会正式比赛项目，再一次提升了社会群体体育的市场价值。奥委会的这一决定也是对新浪体育营销战略的一种肯定，新浪体育办赛的战略逻辑得到了赞助商们更广泛的认可与更坚定的支持。在 2018 年，3×3 黄金联赛在 7 个月的比赛时间里走过了 82 个城市，共有 6 万余人参赛，赛事经过 4 年的发展，逐渐成为全球规模最大、涵盖区域最广、参赛人数最多、比赛竞技水平最高的一项三人制篮球赛事顶级 IP。

2. 合作互利，拓展战略版图

新浪体育在自营赛事规模化的需求下，注重联手地方实力赛事公司，发展战略伙伴，在各省拓展自己的赛事版图。2018 年在同 13 家各地的优秀体育赛事企业签署协议后，新浪体育建立起垂直、立体的赛事运营体系，以寻求自创赛事更广泛地辐射各个地区，真正调动广大体育爱好者的热情，让更多的人参与到赛事当中，感受赛场热情与赛事的乐趣。同时，为了扫清在合作中地方赛事公司有可能会面临的一些困难和问题，使双方的合作可以持续保持在良性发展的道路上，新浪体育特地详细制定了赛事承办的相关政策，充分保障合作方公司的各项权益。例如，新浪体育将赛事所在城市的招商引资权下放给合作方，后者可以自主售卖赞助权，从而获得一定经济收入。另外，经了解，新浪体育在前2—3年的赛事运行周期内，暂时不会向合作方收取赛事的承办授权费用。这样就可以减小其部分经济压力，促进赛事的稳步发展。

3. 依托新媒体产业，增强传播效果

自主办赛的同时，新浪依托自己媒体平台的优势，让赛事与媒体共生、共存、共荣，在全网推广赛事，利用其网站、微博大力宣传赛事IP。新浪3×3黄金联赛的阅读量在赛程仅1/3的时候就已经达到了2亿之多，关注度超过了一些NBA、CBA赛事新闻。在视频集锦与比赛花絮等方面，新浪体育的制作也是下了很大的功夫，每一站比赛后，都会有数百条短视频推出，单条视频的点击量甚至可以高达200万余次，全程的播放量超过5亿。除了自己的平台外，新浪体育非常重视全网推广，所有媒体都可以报道新浪的赛事。全网推广使赛事在受众中的知名度增大，商业价值也得到了充分的开发。

4. 强强联合，创新思路

与世界500强企业合作，是新浪体育商业化办赛的理念。2017年，新浪体育与麦当劳合作，根据每一站比赛的亮点，创作了《霸篮少年》漫画。漫画一出，不仅是体育迷，诸多漫画迷都浏览、转发了该漫画。这种创新推广方式，抓住年轻人这一核心群体，将体育和漫画结合，吸引了一大批体育迷和漫画迷。不得不说，新浪体育与餐饮巨头麦当劳的这次合作，是体育营销推广的一次破"次元壁"创新，中国的知名街球手、有着"上海街球王"之称的Hotdog在谈及自己被画入漫画时，直言"这是有意思的合作"。

（新浪体育体育营销案例视频请参考此链接：http://video.sina.com.cn/p/sports/v/doc/2019-03-19/082069131220.html?wm=3049_0005755634478）

（三）华润三九，以女足世界杯为抓手完成营销破圈

华润三九医药股份有限公司（简称"华润三九"）是大型国有控股医药上市公司，它的前身是深圳南方制药厂。1999年发起设立股份制公司，并于2008年正式进入华润集团。该公司主要经营领域涉及医药产品研发、生产、销售及相关健康方面的服务。

华润三九牵手中国女足，打造出了医药健康行业与体育行业营销的新形式，通过助力中国女足发展及征战2019年法国女足世界杯，华润三九一举取得了此次营销的成功，并在厦门市举行的2019体育大生意年度评选颁奖盛典上斩获了最佳体育营销案例的大奖。

图 7-3 华润三九与中国女足达成合作

回顾华润三九从涉入体育领域到取得阶段性成功，其策略关键点包含以下几方面：

1. 精准定位，找寻行业间共性

华润三九作为一家大型的医药健康产业集团，拥有天然的、健康的品牌调性，同体育行业传播积极向上、健康美好的运动精神有着密切的贴合点。同时，体育运动员的职业生涯往往会与伤病为伍，因此相关的康复治疗医药产品对于体育从业人员来说是刚需，这就使得华润三九和体育行业合作有着巨大的优势。华润三九大健康品牌经理倪帅接受采访时表示，携手女足，共同传播健康生活理念，是其一直坚持的初心。在 2018 年底同中国女足牵手成功后，双方正式达成了战略伙伴关系，华润三九及旗下品牌围绕女足开展了一系列营销与公益活动，取得了不错的效果。

2. 围绕女足 IP，助力女足世界杯

2019 年女足世界杯开赛前，华润三九及旗下品牌通过不同的方式来为女足出征助力喝彩，999 今维多宣布开启主题为"踢出大未来，圆梦法兰西"的女足世界杯营销活动，天和骨通贴膏成立天和铁杆球迷会，通过不同的形式，达到让越来越多的球迷关注女足的目的，实现球迷到世界杯现场观赛的梦想，号召大家共同助力中国女足出征 2019 年法国女足世界杯。同时，华润三九还为女足姑娘们创作了 MV《女足有 C 哈》，邀请女足队员来演唱，鼓舞了女足姑娘们的士气，点燃了斗志，也激起了全国球迷的热情。

在赛事举办期间，华润三九从线上到线下全方位支持中国女足征战赛场。它们组织的"铿锵梦想助威团""天和铁杆球迷会",飞抵法兰西,在现场为女足姑娘们呐喊加油,成为女足世界杯上一道亮丽的风景线。在异国他乡响起熟悉的加油声,使得中国女足的征程不再孤单。在互联网上,华润三九通过官方微信公众号、微博、行业媒体等渠道,发起助力女足互动贴,与球迷们一起为中国女足摇旗呐喊。在华润三九多维度的传播矩阵推动下,中国女足的关注度得到了有效提升。

通过同中国女足的战略合作,华润三九成功树立了优质、健康、阳光的企业形象,其999今维多和天和骨通贴膏两款品牌也借势提升了销售量,获得了名誉和利润的双丰收。

课后思考题

1. 什么是体育营销,它有哪些特点?
2. 成功的体育营销有哪些要素?

第八章　社群营销

在今天的互联网世界中，社群可是个流行词语，各种大大小小的社群组织如雨后春笋般涌现，无论是工作群、同学家人群，还是知识付费群、团购群、培训群，等等，多如牛毛的社群吸引着大众流量，或多或少，每个网民手机的微信里都有社群的存在。有人戏称，"不是你圈人，就是被人圈"。一时间，全民都在讨论社群，就连资本也俯下身来布局社群。可见，社群已成为新媒体营销中的核心要素，无论是社群运营，还是社群关系，都彰显出社群的重要性。

一、概述

（一）内涵界定

"社群"一词对应的是英文中的 community，这个词在以前指个人与个人之间组成的某种集合，他们相互有某种精神或者道德上的契约。又或者是指个体因为地理因素而聚集在一起形成的集体，他们有着相互连带的社会关系，一衣带水，相互影响着。互联网崛起后，"社群"一词则抛去了地理因素和有限的社会因素，个体纯粹因兴趣、观念、志向、需求等更加感性的原因而结合到一起，形成社群。社群的核心是相互连接，注重集体的交流，合作以及共同的兴趣。[1] 社群是关系连接下的产物，从古代到现在一直都存在着社群，只是以前我们把社群称作书院、俱乐部、部落社区，等等。

社群就最一般的意义来说，指的是由个人组成的社会群体，在这个群体中，人与人之间的关系相当亲密，具有一定的凝聚力，而且还存在着某种道德上的义务。[2] 在社群中，"人们愿意相互帮助并且接受其他人的指导"，而且社群生活意味着彼此之间的共享与互利。学者滕尼斯主要区分了三种社群，即血缘社群（community by blood）、地域社群（community of place）以及精神社群（community of spirit）。而对应于这三种

---

[1] 魏武挥. 社群经济与粉丝经济[J]. 创业邦，2014（8）：24.
[2] NISBET R. The Social Philosophers：Community and Conflict in Western Thought[M]. New York：Thomas Y.Crowell Company，1973.

社群的具体例子就是亲属关系（kinship）、邻居关系（neighbourhood）以及友谊或同志关系（friendship or comradeship）。[1]

而在互联网时代，社群的意义发生了新的变化。它是基于传播媒介聚合到一起，进行信息传播、情感交流、文化和价值共享的用户群体。媒介技术的进步，推动了社群的演变。互联网推动了粉丝社群和粉丝经济的发展，而移动互联网也使社群功能不断延伸，社群价值不断放大，催生了"社群经济"。[2]"社群"以社群成员需求和连接点为核心，是一种在某种程度上构建了能实现自我运转的用户关系网，成员具有强烈的群体意识、群体认同、群体兴趣等。互联网社群是一个个依托于互联网空间而形成的虚拟社群和虚拟社区，早期的 BBS、聊天室，现在的微信群、QQ 群等都属于社群。互联网社会就是由许许多多互联网社群联合而成的，这也是互联网的生命力所在。莱恩格尔德认为，虚拟社群是指一群主要凭借计算机网络彼此沟通的人们，他们彼此有某种程度的认识、持续的公开讨论、分享某种程度的适合信息，相当程度的如同对待友人般的关怀、通过网络建立个人关系，在虚拟实在中形成社会的集合体。[3]

社群营销基于社群产生。网络社群营销，是在网络社群中产生的营销模式，它基于圈子、人脉、六度空间概念产生，是人际传播和群体传播结合的产物。网络社群营销通过营销活动带动成员的口碑传播，然后不断扩散。

综合不同学者的观点，本书认为社群营销是依托具有共同目标或者共同兴趣的群体进行的营销活动。社群内成员相互信任，通过互惠互利形成社群经济，借助微信、微博等社交工具开展营销活动。

（二）发展阶段

1. 1.0 阶段。2002 年开始，我们称之为社群 1.0 时代。当时 QQ 推出群聊，这是一种早期的社群形态，大家通过虚拟网络来进行聊天，有时也会有共同的兴趣爱好。1.0 时代的社群主要是满足网民的交流需求，以信息互通为主要目的。营销特色并不明显。

2. 2.0 阶段。2005 年以后，天涯论坛、猫扑、豆瓣兴趣小组等网络社区的出现，吸纳了相当多有共同兴趣的网民，从而开启了网络社群 2.0 阶级。2006 年 SNS 社交

---

[1] TONNIES F. Community and Civil Society [M]. Translated by Jose Harris and Margaret Hollis. Cambridge：Cambridge University Press, 2001：26-36.
[2] 金韶, 倪宁. "社群经济"的传播特征和商业模式 [J]. 现代传播（中国传媒大学学报）, 2016, 38（4）：113-117.
[3] RHEINGOLD H. The Virtual Community：Homesteading on the Electronic Frontier [M]. New York: HarperPerennial, 1993.

网络的出现，使网络社群开始初具规模，人人网、开心网等SNS社交网站集纳了更多同类型的网民，他们的个性化色彩更加突出，基于兴趣、细分需求等的个性标签更加清晰，网络社群内联系更加紧密。这时候社群有了初步营销活动，但主要还是其他营销的补充。

3. 3.0阶段。2010年以后，微博和微信等社交媒体的出现，从根本上推动了社群价值的提升。多种类、多元化的社群纷纷出现，既为网民提供了公共表达的空间，也为社群内部成员间的互动提供了更多可能。微信作为即时通信平台，提高了网络社群的沟通效率。网络社群开始出现网状结构，社群经济逐步形成。2015年移动化技术的普及，让网络真正能够联结人和一切。网络社群3.0阶段是基于移动互联网，通过社群间的情感流动连接人与人，并将信息、资源连接起来，形成更多利益共同体，甚至利用新科技提升社群内外部的互动，实现可持续发展。[1] 这时社群营销也开始成为新媒体营销的主流。

（三）特征

网络社群在发展过程中形成的商业模式会随着用户习惯与互联网环境的变化而变化。面临网络上的信息冗余与过剩，用户更希望获得具有针对性与原创性的优质内容。现今用户付费的习惯已经养成，他们愿意为原创文字、音频、视频等自己喜欢的内容来付费，这就孕育出更多付费的社群，也有助于社群内部成员共同创造更多的内容价值。

社群营销的特点主要体现在以下六个方面：

1. 社群的多向互动

交互性是互联网的一个本质特征，社群的存在使群体互动更加高效。社群内部因人员众多，主要体现为多向互动，信息和数据以平等的方式进行互换，每个成员都是信息的发起者、传播者与分享者。在营销信息的传播中，社群内部有着强烈的兴趣选择倾向，在此基础上产生了有效的多向互动。社群本就是由具有共同情感认同的用户聚集起来的，与一对多的粉丝模式相比，社群的传播结构呈网状型，节点与节点之间不规则分布，呈现多对多的传播，虽然也有意见领袖KOL的存在，但传播层次更为丰富，展现出多层级式的效果。

---

[1] 艾媒咨询.2016年中国网络社群经济研究报告［EB/OL］.［2016-11-13］（2019-07-08）. https://www.iimedia.cn/c400/46077.html.

2. 社群中领导中心的淡化

社群营销是一种扁平化的网状营销方式，它与整合营销不同，缺乏明确的领导者。在社群中每个人都是信息的组织者，他们都拥有话语权，这使传播主体由单一变成了多重，由集中走向了分散。领导中心的淡化，使社群的交流不再集中于热点话题，交流的内容分散到了各个兴趣点，同时对于实现互动，了解社群中各个成员的喜好，增强用户的黏性都有好处。

3. 情感元素突出

社群营销很重要的一个特质就是情感元素突出。情感营销作为现代营销的重要武器，成为企业维护用户关系的纽带。在社群营销中，情感的流动是营销发起并成功的关键。基于认同、价值观、兴趣，不同的人在社群中建立起情感联系，他们对社群也具有情感认同。可以说，因为有了情感的叠加，社群营销的价值才凸显出来，营销的目的才能最终实现。

4. 社群的差异化

社群之间的差异化明显。比如明星型社群的资源与成员活跃度高，流量大；品牌型社群则需要有力的组织与意见领袖；兴趣型社群比较松散，更有赖于发起人的经营。在当前社群营销中，移动端已经成为主要发力点。一般来讲社群有固定发展模式，从成员聚集到形成社群品牌，再加社群经济，通过运营进行商业变现。在这一模式发展过程中，社群也从一个简单群组走向品牌化、专业化。

5. 成员流动性强

社群成员不断变化，流动性强，这是社群营销的又一明显特征。社群作为一个群体组织，势必会有"适者生存"的选择。在选择过程中，对社群价值高的成员固定下来，而那些忠诚度不高、处于游离状态的边缘用户则退出，从而实现了成员的不断更迭与流动，保证了社群的活力，也让社群营销处于动态当中。

6. 更重个性化定制化

社群是一个小范围的社会系统，成员间依靠兴趣和爱好维系，个性化选择成为社群的又一大特征，要满足成员的个性化需求，社群才能稳定存在，并形成强烈的群体意识。社群营销要考虑这点，在产品设计、内容与服务方面尽可能满足个性化的定制需求。社群成员的广泛参与不仅可以促进社群营销的自我运转，也有利于企业收集对企业产品、服务功能的建议，进行产品的创新。

（四）分类

社群营销的种类，有以下几种分法。

1. 基于用户动机来划分

（1）围绕某个品牌产生的社群；
（2）满足娱乐和兴趣爱好而组成的社群；
（3）由自我实现而组成的社群。

2. 基于社群组织者的角度来划分

（1）媒体类社群；
（2）围绕商品产生的社群；
（3）围绕专业化的技术平台产生的社群。

3. 基于社群讨论内容的不同来划分

（1）产品型社群，如小米社群，以产品的生命力为维系社群的抓手；
（2）人格型社群，如明星粉丝群，以某个人物或人格化载体为核心；
（3）社交型社群，如羽毛球教学群，成员之间的扁平化链接形成的社群；
（4）销售型社群，如微商的分销和代理，以利益分成机制组织的社群。

4. 基于社群内容输出来划分

（1）明星社群。明星社群发展相对更加综合与全面，对自身社群的品牌推广策略更加成熟，社群成员的关系也相对更加稳定，因此拥有高情感联结度和资源价值，但同时，成熟模式的创新和优化也相对更难；
（2）垂直型社群。成员具有地域化和兴趣化的特点，在某个垂直细分领域具有很好的黏性，更具有针对性；
（3）长尾社群。规模较小，处于培养种子用户的发展期，随着整体环境的利好，未来发展空间也较大。

(五)社群营销的发展趋势

1. 社群营销将继续向品牌化、专业化发展

社群营销在内部要建立社群文化,与品牌产生关联;在外部,社群品牌的定位和品牌形象的建立则十分重要。社群发展到一定程度,就要走向品牌化、专业化之路,这样才能推动其进一步商业化。社群用户与品牌产生共鸣,进而产生忠诚度,这是拓展社群商业模式的核心。

2. 社群产业链向多维度延伸,社群经济更加多元化

目前社群形态更加多元化,涉及的产业也更加丰富,产业间的合作与融合进一步加深。不论是内容、硬件、数据挖掘,还是支付与金融方面都有较大发展空间。社群经济与项目孵化、众筹、众包、信息对接与深度合作等,都将成为未来新的机会点。

3. 社群服务商提供的服务更加全面化、场景化

社群营销要走向专业化,需要背后的服务商走到前台来,提供更丰富全面的场景化服务。特别是个人化定制服务,是今后社群服务的重点。从社群入口,到交流平台应用,再到营销变现,社群都可以作为品牌整体进行包装运营,提供全案策划。社群群务商还可以将更多场景联系起来,提供更贴近生活场景与产品使用场景的营销方案与商业变现模式,为社群经济的进一步探索提供更多支持。

4. 社群服务产品与技术不断扩展创新

未来社群的展示平台将从以 App 为主向微站、应用号继续发展,甚至不再局限于智能设备,而是有更多灵活形态。在运营工具方面,除了当前火热的直播、打赏等之外,问答、共享,甚至金融理财服务等更加垂直且互动性高的工具也将成为运营的新手段。另外,云服务技术的深入发展,也将推动云平台在社群营销中的功能性扩展,使社群运营更加高效。

二、社群营销的策略

社群经济与粉丝经济不同,前者基于共同兴趣和价值观形成,后者只是受明星的魅力所吸引。一般来讲,社群用户比粉丝更具黏性,相互连接也更具价值。社群从初始建立到成熟运营要历经数个阶段,在各个阶段如何规划自己的运营策略,将成为社群营销的关键。

1. 初始阶段

（1）运营思路

适宜市场的运营思路对于社群营销能否成功起到关键性作用。初创社群时要清楚定位自身社群的运营策略和思路，才能为之后打造成功社群奠定基础。

所谓运营思路，是指从产品与受众关系来考虑如何运营社群，如何安排产品和受众之间的顺序关系，是运营思路的关键。

第一种，先建立社群再定制产品。将运营社群的规模做大，然后在产品推出的时候，已经有了庞大的推广矩阵，这对于产品后期的营销作用显著。但是在产品没有推出时，社群靠什么维系是需要考虑的。如果产品制作的过程与最后上市的时间有出入，应该如何解决？产品最后的效果与宣传效果相距甚远，应该怎么办？如何突破社群固有的瓶颈时期？这些问题都是第一种社群营销要面临的。

第二种，先做产品再做运营。这种方式虽然失去了传播的提前量，但是可以获取更多的忠实用户。围绕产品和服务来吸引用户，构建社群，延长了产品的购买和服务周期，可以为用户提供产品的各种附加服务。从传播受众——体验用户——忠实粉丝——铁杆社群，这就是先产品后社群的运营顺序。

（2）运营目标

确立产品的运营目标，根据目标确定运营的策略，之后更加有针对性地建群，这对于社群的后期维护和社群壮大有重要影响。

（3）组织社群

发起、组建一个社群后，要想长久地生存下去，最初的成员构成十分重要。在群中一定要有维持秩序的管理者，负责社群的日常各项事务，如拉人、踢人、发布群公告等，这个人一定要有威信，能够统管全局。另外，在社群中一定要有行业的专业人士帮助群内成员答疑解惑。对于群内成员提出的各项问题，都要有应答，这样社群才能维持活跃度。当然，对于那些庞大的偶尔冒泡的潜水党，更要注意维系他们的黏度，要认真回答他们的问题，让他们感受到社群的热情，从而乐于加入大家的讨论。

2. 运营中

（1）输出质量

持续高质量的内容输出是考验社群生命力和持久力的因素，它决定了社群的发展。罗辑思维作为知识型的社群，深厚的知识积累和视频输出成为了它维系社群的手段。

社群的形成以共同的兴趣与目标为前提，社群内部独有的信息分享与交流，是区分社群成员与非社群成员的主要特征，优质内容成为社群的基础，社群中干货的分享、问题的解答、高质量的互动，成就了一个社群的发展。现在有企业利用社群建立品牌的数据库，了解用户的需求，这也是社群营销的新方式。

（2）运营能力

网络社群的进一步发展，与网络技术的支撑有关，社群团队的有效运营，基础服务功能的完善等，多环节的运作是社群发展的保障。运营要讲策略，成员在进入社群时要有仪式感，让社群成员感觉社群归属感，在入群时要通过申请，入群要接受规则，要明晰奖惩制度，这是运营的前提。社群运营者要经常保持与成员的互动，重视成员的讨论和分享，保证社群活跃度。此外，社群运营者要增强社群服务的组织意识，对于某个主题要进行分工合作，各司其职。要增强群内成员的归属感，线上线下活动频繁有度。

对社群营销来讲，需要实现营销目的，就要经常给予成员回馈与利益，才能让参与的成员拥有体验感，得到实惠，感受到社群带给自己的益处，保持对社群的情感，增加互动几率，这样整个社群体系才能得以循环运转。

（3）情感互动

社群成员是由于拥有共同的兴趣与目标才会加入社群的，拥有共同的价值观将会获得更高的信任度，这是社群长久存在的生命线。情感互动是维系社群的重要手段，社群营销应尽量通过各种活动与回馈互动，让社群成员产生情感归属感，使其不会轻易离开社群。

在社群营销中，不是规模越大越好。殊不知，规模越大，越有可能产生价值观的分裂。而越小的圈子，讨论的话题就更容易集中。这就需要运营者考虑在什么时候扩大运营规模。提高群内成员数量，势必会让原有成员经受新的价值观，这可能导致原有成员的流失，因此，控制规模、多建群成为情感维系的有效方法。但是群的数量又要有一定限度，盲目建群，没有时间管理，最后使众多社群被广告和投票淹没。对于一些小众品牌来讲，花心思经营几个社群，比蜻蜓点水般维护数十个社群更有价值。

3. 运营后期

（1）线下活动组织

线上的交流毕竟有空间的距离感，线下活动的组织可以让群内成员的凝聚力增强。有组织、有意义、时间安排合理的线下活动对于社群的飞速发展会起到助力作用。特别是那些以品牌营销为根本目的的社群，更要将线下活动落到实处，通过同城伙伴的培养，建立其对品牌的信任与信赖。毕竟，在社群多如牛毛的现在，维护社群成员的信任度与黏度，格外重要。

（2）培养适合的社群管理者

有无热情、有无时间、有无能力、有无资历，是能否成为一个合格的社群管理者的基本条件。作为一名社群管理者，需要付出的必然比其他人多，如何从众多的成员中，培养新的社群管理者，一定要参考这四个条件，单纯凭借一腔热血，是没有办法成为一名优秀的社群管理者的。才华出众、效率出色、产出稳定、团队至上是一个社群管理者应具备的条件。通过社群管理者，培养 KOL（关键意见领袖），使其成为企业营销行动的最佳推手。

（3）增强社群的影响力

一个集体的成长，是社群内各成员共同努力的成果。社群的发展关键在于平台自身逐步形成的品牌影响力。核心成员的贡献十分重要，但是若想有更强大的影响力，就要善于发现各个成员之间互动所创造的新价值，鼓励他们参与社群成长，从中找寻到营销的契机。当然，社群影响力还需要向外展示，通过社群品牌的经营，策划有影响力的活动，拓展辐射面。

三、社群营销案例解析

（一）罗辑思维——有种、有趣、有料

2012 年 12 月 21 日，《罗辑思维》在优酷视频网正式上线。视频节目每周播出 1 集，其后不断改版，由视频改为音频，迄今播放量超过 31 亿次，并且在其他不同平台上围绕着节目进行内容创造和分享。2014 年 5 月，罗振宇与申音分家，停止合作，单独运营节目并成立公司。《罗辑思维》这时已经不再是单纯发展品牌节目，而是具有了公司性质，开始朝品牌企业的方向发展。随后推出的一系列产品及策划的投资都是为以后持久广泛的发展打基础。2015 年 10 月 20 日，罗辑思维对外宣布完成 B 轮融资，估值 13.2 亿元。2017 年 3 月，罗振宇宣布《罗辑思维》全面改版，将视频改成音频，从每周五播出改成周一到周五连续播出，播出平台由其他音视频网站转移到罗辑思维旗下的"得到"App 中播出，节目时长也由原来的 50 分钟缩短至 8 分钟以内。2017 年 3 月 8 日，《罗辑思维》最新一期节目在"得到"App 上线，标志着罗辑思维正式迈入了移动互联领域。2019 年 10 月，罗辑思维以 70 亿元位列"2019 胡润全球独角兽榜"第 264 位。

罗振宇以视频自媒体白手起家，目前已经成为自媒体领域的"首富"。分析其成功

的秘诀，社群成为关键。罗振宇曾经说过，过去的时代是堆山，一点点总能累积到一个高度。但今天是造浪，一波很快起来，但过去之后马上了无痕迹，下一波流量你也不知道什么时候才能来。而罗辑思维正是抓住了这一浪潮，才能在社群市场抢占先机。他如何构建社群并进行营销的呢？总结起来策略关键如下：

图 1　罗辑思维海报

1. 选择合适的人成为会员

按照罗振宇"爱就供养"的构想，真正具有强烈认同感的粉丝才会缴纳会员费用，他们是社群营销可以依靠的中坚力量。2013 年 8 月 9 日，罗辑思维团队招募第一批 5500 个会员，只用了 6 个小时，半天进账 160 万。12 月 27 日，罗辑思维开启第二批会员招募，这次在 24 小时内，2 万人购买了会员资格。

罗辑思维的用户主要是 85 后"爱读书的人"，这群人有共同的价值观、爱好，热爱知识类产品。会员加入要交钱，分 200 元和 1200 元，对于高级会员而言，付更高的费用是一种快速鉴定人脉质量的方式。通过交费，从中筛选出那些真正的粉丝，他们对品牌有强烈的认同，这样才能确保会员真正付出行动。

2. 培养习惯

培养共同的习惯，可以进一步固化会员"自己人效应"。比如，罗辑思维固定每天早上 6：20 发送语音消息，培养用户阅读习惯。罗辑思维有各种主题的群，像"书画群""读书群"，等等。通过设置一个议题让群成员自由讨论，进而沉淀出一部分有价值的信息。

3. 重视用户反馈

好的产品需要大量的一手数据分析来确定产品迭代的 key point（要点），"罗友会"

会定期安排运营者做大规模和小规模的深度调研，了解社群内部成员的反馈。无疑，罗辑思维的 App 产品"得到"也受到了"罗友会"调研数据的启发。

4. 增强会员认同，提升品牌影响力

毫无疑问，没有会员，就没有罗辑思维的今天。会员的自发传播，快递提升了"罗胖"的影响力。罗辑思维会通过各种线上沟通交流，提升会员对社群价值的认同感。"罗辑思维"微信公众号还单独开设会员互动专区、"会来事"和"领嫁妆"板块，一方面为会员提供精细周到的服务，另一方面也充分整合会员资源，稳定会员关系。这些举措都让罗辑思维的会员有很强的身份认同感。

5. 加强线下互动，搭建生态圈

线下的互动更能激发人与人之间的联合，罗辑思维就曾举办过不少线下活动，比如"爱与抱抱"、"霸王餐"游戏、跨年演讲，等等，由此增加了群成员的联系。很多活动能给人以仪式感、归属感和参与感，形成强关系。

罗辑思维社群其实是搭建了一个小型社交网络，其会员相互帮忙，甚至官方出面推荐形成生意机会。对会员来说，获得更多的商业合作机会本来就是吸引群成员加入的原因之一。

罗辑思维的核心竞争力是其知识型内容，它充分利用社群营销模式，将互联网思维中的用户互动、体验和微商城概念应用得淋漓尽致，最后给社群用户提供联合创业的平台，与社群中的个体共同发展、共同盈利，这是"罗辑思维"的优势所在。它摆脱了传统媒体"制作——发行——反馈"的简单经营模式，采取小成本的多产品、多渠道的内容制作方式，依靠社群力量来营销推广。同时利用会员互动，不断拓宽渠道和内容，将平台打造成一个社群和众筹的平台，最终形成一个资源联合体。[①]

（罗辑思维营销案例视频请参考此链接：https://v.qq.com/x/page/e03089lrcbg.html）

（二）伏牛堂——T 型战略打造社群品牌

《我为什么硕士毕业了卖米粉》是一篇爆火的推文，很多人第一次关注伏牛堂是基于张天一的这一篇推文。2014 年张天一从北京大学法学院毕业后，用十万元开设了第一家伏牛堂湖南米粉店，并迅速将伏牛堂打造成为国内有代表性的社群餐饮企业。伏牛堂也因其商业模式的创新获得资本的青睐，公司估值数亿，先后获得四轮近 4000 万

[①] 李莲莲. 自媒体"罗辑思维"的社群营销模式探究［J］. 新闻世界，2015（6）：107-108.

元人民币投资。可以说，张天一的成功是互联网社群思维的成功。

伏牛堂自 2014 年 4 月 4 日开张以来，在短短几年时间里，就创造了一个销售传奇。目前，伏牛堂主要有两项业务。一项是基于连锁门店，打造了"堂食＋互联网外送"的流通模型；另一项是餐饮食品零售化。从 2016 年开始，伏牛堂把核心爆品产品化，比如霸蛮速烹牛肉粉这款产品，目前在淘宝、天猫、每日优鲜、京东等各个渠道流通销售。张天一认为，消费者有方便速食的需求，而且开始追求更好的品质、体验，以及个性感。"伏牛堂的牛肉粉不仅需要煮，而且还有其他区别，核心就是可以自己很方便却不将就地吃一顿饭、一碗好吃的牛肉粉。"

图 2　霸蛮牛肉粉海报

策略关键：

1. 注重社群用户与品牌的关联

在中国，品牌大约经历了生产型品牌、渠道型品牌和消费型品牌三个阶段。现在正处于消费型品牌的阶段。品牌需要以消费者为核心，因此影响品牌的核心能力，不是跟渠道商和供应商打交道的能力，而是跟用户打交道的能力。除了产品有独特的内涵之外，和用户打交道的能力，也是现在做好新餐饮必须掌握的能力。

伏牛堂的获客渠道除了线下自然流量、线上的品牌传播外，还有很重要的一块是社群运营。他们有专门负责社群的部门，叫用户体验部。伏牛堂的产品开发、业务推进、市场调研、活动组织等，都会通过这个部门跟社群用户联系，获取到第一轮反馈后才会发起。

社群运营的目的就是让一部分用户与品牌加强关联。伏牛堂认为,一个品牌要运营社群,需要具备两点。第一,这个品牌要服务用户,能解决用户基本的功能需求。第二,基于功能,还要衍生出价值主张和形象符号。

2016 年,伏牛堂在北京各个大学创办了 60 余个伏牛堂社团,社团的主题就是卖粉。学生通过卖粉会经历品牌定位、品牌策划、内容运营等一系列过程,同时伏牛堂也会把创业逻辑、运营逻辑教给社团成员,学生在其中会有很多的参与感和收获感。自有社群"霸蛮社"成为吸粉利器。截止到目前,伏牛堂深度运营的社群用户已超过 20 万人,基本以北京的大学生为主。

2. 将网络社群衍生为线下兴趣小组,开发核心用户

因为伏牛堂主要的用户是大学生与青年人,他们为了增强用户黏性,组织了大量线下的社群活动,对接了 2000 多个铁杆社群用户,然后根据他们的爱好,将其组成篮球、登山、摄影等将近 50 个兴趣小组。这些铁杆用户其实就是核心用户,他们会自发地宣传品牌,带动他人关注品牌,成为种子用户。伏牛堂会在周末定期组织线下活动,此外,伏牛堂有新品上线、产品品鉴,也都会组织成员召开线下见面会。2015 年 8 月,伏牛堂用一周时间,没花一分钱,举办了"微信 50 万人"发布会,依靠的就是口口相传的社群影响力。

3. 做好用户服务

每一个用户对品牌都是重要的,应做好社群的精细化运营。对此,伏牛堂投入许多精力做好用户服务。开发新产品时让用户试吃,回馈感受;了解产品和服务哪里做得好,哪里做得不好,品牌和运营可以有什么样的方向,接下来要合作的是什么 IP,有什么福利,进而同社群用户配合开展活动,比如,社群兴趣小组想办活动,需要场地支持,伏牛堂就提供场地。2015 年"双十一",伏牛堂借助社群力量提出"万人快闪社群众筹"的活动,在 20 多天的时间里,就筹集到 50 万元的支持金额,将近 2 万人支持了伏牛堂。

4. 打造品牌特性,制造爆款

创始人张天一非常注重品牌打造,他利用自己的微信公众号,发布了几十篇文章近 30 万文字,目的是让更多人知道伏牛堂,知道他的创业梦想,无形中他也成为自带流量的"网红"。

在伏牛堂的运营策略中，以品牌为核心，以制造爆款为方式，将单点突破和社群打造相结合，通过迁移流量和势能来完成对品牌的立体宣传。首先在建设品牌上，伏牛堂以湖南常德的米粉来吸引消费者，只追求做一碗正宗的湖南米粉，而不是因地制宜地改变自己的口味，塑造了品牌的价值。在制造爆款时，张天一有独特的互联网思维，他通过搭建微信公众平台来发布爆款文章，同时兼顾组织线下活动来迁移流量和营造势能。伏牛堂的微信公众号经常发布影响力极高的文章，伏牛堂深知，在移动互联时代内容与渠道的重要性。而伏牛堂组织的各项线下活动也极具影响力，如京东视频众筹节、世界最辣牛肉粉地狱挑战赛。加上社群中独特的组织方式——将产品赋予情感寄托，通过一幅幅带有主题寓意的海报和特有的套餐，树立社群的聚合力。从实际效果来看，伏牛堂真正做到了以社群营销来塑造品牌、发展品牌，将一碗牛肉粉从无到有打造成业内有特质有追求的爆款。

（伏牛堂营销案例视频请参考此链接：https://haokan.baidu.com/v?vid=6662128441815055978&pd=bjh&fr=bjhauthor&type=video）

课后思考题

1. 通过自己的观察，总结社群营销的关键点是什么？
2. 试分析一个社群营销的成功案例。

第九章 公益营销

随着互联网对社会生活的影响逐渐加深，公益也慢慢走入寻常百姓的视野，成为人人可参与的活动。新媒体降低了公益行动的门槛，公益不再是"富人"才可以做的事，普通人同样可以贡献力量。比如用户通过支付宝参与蚂蚁森林活动，为保护环境尽份心力，还有朋友圈中时常可见的"轻松筹"等为病人众筹治病的活动。公益营销，早已随着新媒体的发展，进入了每个人的生活。行举手之劳，献行善之心，新媒体传播环境下的公益激发出了普通公众的爱心与善心。在此情境下，公益营销也日益成为一种重要的营销手段。

对一般用户而言，营销往往与牟利联系在一起，这也导致他们对那些诱导性营销手段有着抵触心理。但公益营销不一样，它本身以公共利益或公共目的为目标，致力于扶危济困、造福社会，对于公众有着天然的亲和力，是最富于人情味的营销方式。本章将主要阐述新媒体时代的公益营销内涵及策略，并对相关案例进行详细解析。

一、概述

（一）公益营销内涵界定

公益营销（Cause-related Marketing）的概念起源于美国运通公司（American Express）。美国运通公司创立于1850年，是一间总部位于美国纽约市的金融服务公司。1981年，美国运通公司与非营利组织"精美艺术团体"合作，在旧金山展开了一场宣传推广活动，将新用户使用运通信用卡（Express Card）的公司收入部分捐赠给该组织，以促进旧金山艺术事业的发展。这是首个将商业宣传与公益活动相结合进行推广的成功案例。

1983年，美国运通公司又如法炮制，与主管自由女神像翻新工程的艾利斯岛基金会建立了合作伙伴关系。客户每使用一次运通信用卡，公司就会将消费金额的一定比例捐赠给艾利斯岛基金会，用于资助被风化了的自由女神像的修复。自由女神像作为美国人心中美国梦的象征，自然会激起大众的参与热情。人们大赞运通公司的公益之举，踊跃参与。该活动最终捐款总额达 170 万美元。与此同时，运通信用卡的使用量比之前上涨了 28%，信用卡持有者数量比之前上涨了 45%。

美国运通公司开创了一种将商业营销与公益相结合的全新的品牌营销模式。这种营销模式通过与非营利组织合作，进行品牌联合捐赠等活动，既提高了产品的使用量及销量，又增强了品牌的知名度及社会形象。运通公司将这种商业和公益相结合的营销模式称为"公益营销"（Cause-related Marketing），并将该术语注册为美国专利局的服务专利标志。在这两次成功的合作之后，美国运通公司的公益营销策略被众多公司效仿，逐渐扩展到其他国家。[1]。

最早提出公益营销理论的学者是 P. Rajan Varadarajan，他于 1986 年最先将公益营销定义为"企业与公益组织联合的一种推销方式"。[2] 1988 年，Varadarajan 和 Menon 又将公益营销定义为："企业所开展的含有特定目的的营销活动。当消费者参与这种特定的营销活动，为满足企业及个人的目的进行消费时，企业将捐赠一定数量的收益给特定的公益组织。"[3]

在我国，有学者在 2002 年以"事业关联营销"的概念将公益营销一词引入中国，但当时并未引起广泛注意。目前比较得到认可的一种观点认为，"公益营销是指企业将商业利益和公益事业相结合的一种新型营销策略"。[4]

从上述定义可以看出，公益营销实际上是企业借助公益活动进行营销的一种手段。但从现今公益营销的发展实践来看，营销主体并不单纯是企业，公益组织或其他非营利机构都可以运用公益营销手段来达成公益目标，甚至个人也可以发起公益项目，通过相应的营销策略来达到目标。一个好的公益营销策划会使受众认同、接受，主动分享、积极捐赠。公益营销"以行善事吸引受众"，强调社会责任感，关键在于依靠道德优势获得受众的心理认同。

（二）公益营销的分类

公益营销按照行为主体可以划分为如下三类。

（1）营利组织为主体

营利组织，主要指企业。在公益营销中，营利组织更注重营销性质，看重公益营

---

[1] 曲梦梅. 新传播环境下互联网企业公益营销的实践与创新［D］. 上海：上海外国语大学，2019:9.
[2] VARADARAJAN P R. Cooperative Sales Promotion: An Idea Whose Time Has Come［J］. The Journal of Consumer Marketing, 1986（3）：15-33.
[3] VARADARAJAN P R, MENON A. Cause-Related Marketing: A Coalignment of Marketing Strategy and Corporate Philanthropy［J］. Journal of Marketing, 1988, 52（3）.
[4] 刘勇，张虎. 公益营销 通过做好事 把事情做得更好［M］. 北京：中国经济出版社，2011:35.

销为企业带来的知名度和影响力的提升效果。企业可能会借助公益行动将自身塑造为公益性品牌形象，例如美国的冰激凌品牌班杰瑞就如此定义自身，但其最终目的仍然是实现盈利。

（2）非营利组织为主体

民间组织和履行国家职能的组织都包含在内。一般指非营利组织中进行慈善活动的组织，以造福社会的公共目的进行公益营销。在公益活动的实施中，这类组织更具备专业性。如我国的希望工程、宝贝回家志愿者协会等。

（3）个人为主体

多指名人，例如明星、政要等。名人的号召力和影响力能够带动受众，而在资金上他们大多会寻求组织支持。名人们借助公益营销提升自身形象，例如"慈善明星排行榜"是明星塑造自身公众形象的有力手段。一些明星不仅捐赠资金，还会亲身参与公益活动，与公益组织合作打造别出心裁的主题。如陈坤与大爱清尘公益组织共同发起的"行走的力量"，利用明星力量来号召更多人关注支持尘肺病人。

公益营销往往有多方参与，营利组织与非营利组织、个体之间的合作能够更好地提升营销效果，实现多方共赢。营利组织的财力、公益组织的专业性、名人的号召力对于公益营销都是不可或缺的。大型公益营销往往是多方联合发起，集合众多优势获得公共效益。

（三）公益营销的发展阶段

企业回馈社会以获得效益的行为古已有之，如"同仁堂"曾向进京赶考的书生赠送"放心药"，冬季施粥，夏季发放暑药，不仅赢得了美誉，也发掘了可能成为显贵的消费者。布施的善行在古代也不止此一家，但人们并未由此联想到"营销"。直到近现代，随着传播技术的迅速发展，"行善盈利"的手段才被广泛讨论，并作为公司营销手段得到研究。

1. 1990—2000年，传统媒体主导的公益营销

这一时期，公益营销主要依靠传统媒体进行，例如广播电视、报纸杂志等，公益营销的公益特征十分明显，企业多以品牌宣传为主导。这一时期公益营销形式相对单一，企业多通过在传统媒体上投放广告来展示企业形象与产品。2001年，蒙牛赞助北京"申奥"成功，一举成名，极大地拓展了品牌知名度，建立了良好的品牌形象，打响了通往全国市场的第一枪。之后蒙牛相继在央视推出一系列的公益广告《回家篇》《生态行动，助力中国》等，以电视为媒介，向受众述说品牌故事、打造品牌形象。在

这一系列公益营销中，蒙牛借助奥运东风，一举奠定了蒙牛企业在全国市场的基础。依靠电视渠道进行公益营销，优点在于受众群体广泛，受众基数大，电视广告声画合一，利于企业展示其产品。缺点在于不能精准传播。

2. 2000—2010 年，网络公益营销威力凸显

随着互联网时代的来临，网络对公益营销的推动作用逐渐凸显。相比于传统媒体时代，互联网让公益营销主体有了直接面对用户的机会。通过官方网站，企业可以直接宣传公益营销理念与具体活动，信息传播可以直接到达网民，营销形式也更为多样化。互联网的双向传播让用户的参与度进一步提升，还有了互动反馈的渠道，公益营销的效果大大增强。

3. 2010 年至今，新媒体成为公益营销主渠道

随着微博、微信等新媒体传播形式的出现，公益营销也开始进入 Web2.0 时代，用户自主创造内容迎来爆发。公益营销转向以新媒体为主要载体，运用互联网思维来达成特定公益目标，赢得用户的认同与参与，从而直接或间接地获得收益。新媒体能迅速获取受众反馈，双向精准互动传播，有着传统媒体无法比拟的互动性。同时传播方式多元化，传播内容个性化，能够针对受众的心理特点进行针对性传播。显然，借助新媒体，公益营销能快速有效实现与受众互动，获得更好的传播效果。

新媒体时代，微博、微信、短视频 App 等渠道为公益营销提供了绝佳的平台，并逐渐成为公益营销主体的第一选择。新媒体打破了旧有传播资源与渠道的垄断，人人可传播、人人可公益，极大地降低了受众参与公益的门槛，降低了企业组织进行公益营销的成本。许多企业主动选择通过新媒体来进行公益营销，以塑造品牌形象。这一阶段的公益营销呈现出持续性、多样性、典型性的特征，消费者与企业建立了健全的双向互动模式。公益开始深入用户生活的方方面面。打开微信－支付，里面有一栏"腾讯公益"，点开腾讯公益，里面便有众多公益项目，例如"护佑流浪动物过寒冬""圆血癌女孩大学梦""寻四百万份光明之爱"等，这些依托于腾讯平台发起的各类公益活动，吸引了广泛的用户，也塑造了腾讯的良好企业形象。

二、公益营销的策略

1. 激发公众情感共鸣

公众是由有着独立情感认同的个人组成的，一个成功的公益活动，必须让公众能

够感同身受，也就是要激发起公众的情感共鸣。一项公益活动的发起，会激起公众基于自身成长环境的不同程度的心理认同。一次好的公益营销不仅仅要激起受众对弱势群体的同情，还应激起受众对自身的情感投射。华为2016年推出的公益广告《点亮你的生活》在国际上引起了极大的反响，圈粉的同时也很好地传递了品牌的核心价值观。这支广告从一个尼日利亚男孩的视角，讲述了在黑暗中等待光明的励志故事。男孩叫路易斯，今年8岁，每天他最幸福的事情就是和家人一起围坐在电视机前看足球比赛，但是这样的幸福时光却总是被突然来临的"黑暗"打破。即使在黑暗中很难看见美好的东西，但男孩始终相信，美好的东西，都在等待着光明的出现。就像自己喜欢的球队，在落后的时候反而踢得更努力，跑得更卖力，从不放弃，一直等待着胜利的出现……终于，在华为电力物联网的帮助下，男孩等到了光明的来临。"科技以人为本，科技改变生活"这一理念在华为身上体现得可谓淋漓尽致。华为不仅从人性关怀角度出发，捕捉到大众对弱势群体的同情心理，也感知到国人对于中国在世界地位提升中的认同感与共鸣，因此这一公益广告不仅在国际上引起极大反响，也使国人产生强烈的民族认同感与自豪感。

2. 建立信任与心理认同

公益营销本质上是信任营销，公益营销的实施者对用户心理的把控很重要，不仅要获得用户共情，最好还要赢得用户的心。公益营销不在于企业做了什么，而在于消费者认为企业做了什么，获得心理认同最重要。华为曾有一则公益广告引起了受众的广泛共鸣，"女儿什么都不懂，除了爱你"，这是华为手机推出的系列故事广告中的一段，讲述的是消防员与家人通过手机视频报平安的故事。好的故事营销是将产品植入故事之中，说出让受众为之感动、震撼的故事。受众在情感共鸣之后，对品牌或产品会更加信赖，从情感走向信任。现如今很多公益营销都通过朋友圈进行，通过用户的分享转发点赞达到刷屏态势，其实凭的就是用户之间的信任。用户基于人际信息而转发公益信息，由此推动公益信息不断扩散，吸引更多人关注支持。

3. 借助互动手段吸引公众持续参与

在新媒体环境下，用户的广泛参与是公益营销的基础。一些公益营销以互联网产品为核心，通过高互动性、高趣味性的公益项目来吸引用户参与。在产品中，公益营销通常设置公益积分来鼓励用户长期使用产品，当积分达到一定数量后，便可兑换某种公益奖品或为某个公益项目带去回馈。这种模式形式有趣、门槛低，就像通关一样，只不过基于公益目的，更能吸引广泛用户参与。用户只要通过每天的持续互动就可以回馈公益，这显然能够激发用户的长期参与意愿，同时也增加了互联网产品的用户黏性及活跃度。支付宝推出的"蚂蚁森林"项目就是激发公众互动参与公益的成功案例。

在互动参与过程中，公益营销还可以借助时下最热的 VR、直播、人工智能、3D 打印、互动游戏等多种玩法，让受众通过智能科技手段，再造场景，实现沉浸式的体验，不断增强趣味性和参与性，激发用户的热情，使其进行主动传播。

4. 集合多方力量创新公益营销手段

成功的公益营销往往需要聚合品牌方、消费者、公益机构、明星等各方力量，从创意、技术、传播和角色等不同角度进行创新，才能达到可持续的公益目标。一个好的公益营销，必包括创新的因子。比如凤凰网曾推出一个"承诺胶带"公益项目。数据显示，我国一年的快递数量超过了 300 亿件。凤凰网发现这巨大快递量背后隐藏着公益"机会"，于是联合苏宁及 IFAW，做了一次保护珍稀野生动物的倡议：将保护动物的内容印制在特质的胶带纸上，通过贴封在快递包裹上送出，收到快递的人在用剪刀、美工刀打开快递时，特殊的红色液体会从胶带纸中流出，仿佛在割裂胶带的同时，也"杀掉"了那些动物，以此来警醒人们，唤起人们保护动物的意识。[1] 这种创新，从普通的社会现象中发现痛点热点，再通过创新表达方式，在多方合作下，引发了公众注重环境保护的意识和行动。

5. 注重公益营销的持续性和长期性

公益营销的行为主体要将公益视为一种长期的战略，不论是营利组织还是非营利组织，均需对公益活动进行持续性的打造与介入。对于企业而言，持续性围绕一个公益主题着力，能够形成鲜明的品牌形象传播，有助于提升其在用户心目中的美誉度，也可避免因频繁更换公益主题带来资源浪费。同样，在一个信息纷繁、充满噪声的传播环境中，只有进行持续有效传播，才能累积成一种强大声势，使公益成为企业品牌和产品内涵的一部分。一旦用户想到这个产品，就会想到伴随它的公益主题，无形中增加了对企业的信任感与情感。如可口可乐公司多年来一直坚持帮助改善中国缺水地区儿童饮用水状况，当行动取得成效时，大众对可口可乐公司的赞赏也达到顶点。可以说，正是这种持续性努力让公益成为可口可乐品牌的一个标签，成为其品牌基因的一部分。

当然，公益最重要的还应该是让公众改变想法及至行动，从而实现根本性的公益

---

[1] 孔月月. 公益营销的传播策略及趋势分析［EB/OL］.（2017-07-06）［2019-09-12］. https://www.sohu.com/a/154944674_121629.

诉求与目标。在这点上，持续性与长期性的公益营销更显得重要。如果让公益成为公众生活的常态，对接大众生活的方方面面，公益的效果也将获得最大化。

三、公益营销案例解析

（一）冰桶挑战

ALS冰桶挑战赛（ALS Ice Bucket Challenge）简称冰桶挑战赛或冰桶挑战，起源于美国，这一活动通过要求参与者公布自己被冰水淋遍全身的视频或者捐款100美元来让更多人知道"渐冻人"这一疾病，并达到筹款帮助治疗的目的。"ALS冰桶挑战赛"在全美风靡，捐款达到1.15亿美元。扩散至中国后，各界名人纷纷参与。

在中国，除了"渐冻人"病，瓷娃娃病也因此得到了更多关注，瓷娃娃病的公益组织也因此获得了更多善款，达到了意外的效果。

冰桶挑战赛兴起至今，虽然也出现了许多不和谐音符，例如干旱地区参与挑战对水源的浪费、与渐冻人无关的借机炒作等，但这一活动的确达到了募集善款、让更多的人了解"渐冻人"这一病症的目的。

图 9-1 冰桶挑战

分析其成功之处，策略关键如下：

1. 方式亲民，易于实行

不同于马拉松、义务劳动这类考验参与者时间与意志的活动，冰桶挑战的要求很容易完成。参与者只需要花两分钟录下视频并发布就可完成，简单易行，大大降低了参与门槛。参与者在挑战接力，呼吁人们关注渐冻人的同时，用冰水浇头也体现了其勇敢精神，可为个人形象加分，自然引起人们踊跃参与。

2. 迎合受众，满足其心理需求

大众对冰水浇头下名人们的样子普遍好奇，各界名人的挑战视频点击率居高不下。平时总是仪态端庄的名人们突然被冰水浇得狼狈不堪，这样的画面一下子拉近了他们与受众的距离。大众愿意看到名人们作为平常人狼狈的一面，满足这样的猎奇心理也是冰桶挑战的成功之处。美国总统奥巴马因拒绝发布视频而选择捐款受到舆论批评，反映出人们对名人参与冰桶挑战视频的热情。同时，冰水浇头也意在让人们以最简单的方式体会"渐冻人"的感受。

3. 名人效应，扩大影响力

实际上，名人们对冰桶挑战的态度大多是积极的。参与挑战的名人大多获得了正面评价和更多关注，而几乎不需要成本。在中国，有的企业家也通过参与冰桶挑战来博取关注，制造热度，如陈光标造假挑战冰桶纪录。名人们作为意见领袖向大众传递了"支持冰桶挑战"的态度。同时冰桶挑战的点名制度也能让名人们在自己的圈子内呼朋引伴、口口相传、带动热度、迅速传播。名人越多，传播越广，受众越多。

4. 企业参与，提供宣传机会

比尔·盖茨在其挑战视频中使用新款的微软平板，不动声色地展示了其产品强大的防水性能。在国内，古永锵在土豆映像节上自倒冰水，周鸿祎在参与挑战的同时不忘带上360产品，虽然软广告并不是冰桶挑战的初衷，但各个企业的搭车营销无疑扩大了传播效果。

（冰桶挑战营销案例视频请参考此链接：https://www.iqiyi.com/w_19rsn7qqmd.html）

（二）蚂蚁森林

蚂蚁森林是支付宝为"碳账户"计划设计的一款公益活动。它通过将支付宝用户的低碳行为即时转化为实际数值，用来培育虚拟的树，当数值达到一定标准后，用户可申请在现实区域种下一棵实体树。这一活动在提倡低碳生活的同时也推动了环境绿化。蚂蚁森林认可的低碳行为包括步行、地铁出行、在线缴纳水电煤气费、网上缴交通罚单、网络挂号、网络购票等。2019年9月19日，中国"蚂蚁森林"项目获联合国"地球卫士奖"。2020年6月5日，支付宝宣布蚂蚁森林的参与者已超5.5亿，累计种植和养护真树超过2亿棵，种植面积超过274万亩，相当于2.5个新加坡。

图 9-2 蚂蚁森林界面

分析其成功之处，策略关键如下：

1. 低门槛，便捷亲民

蚂蚁森林直接同步支付宝的消费记录，用户不需记账，"收能量"只需轻轻点击即可。每天的消费无论大小都产生能量，经过积累，每个人都有望在阿拉善拥有一棵自己的树苗。在人们越来越青睐网络支付的趋势下，蚂蚁森林将支付行为转换为能量，对用户更是一种意外惊喜。

蚂蚁森林的使用方式很容易让人联想到前几年大热的 QQ 农场，不少用户会为了收集好友能量特地早起"偷菜"。与 QQ 农场玩家不同的是，蚂蚁森林的用户能有一份实际的期待。17.9kg 能量就能为沙漠真正地增添一抹绿，同时积累低碳行为本身也为环保作出了贡献。这让用户感到自己的行为有意义，也就有了持续参与的热情。当今网络支付的高频率使用使得能量不断产生，因此用户几乎要每天上线才能确保完整收取自己的能量，这也轻松提升了用户黏性。

2. 长远性：碳账户的后期预想

许多蚂蚁森林的用户仅仅关注绿化效果，并不清楚"碳账户"这一概念。碳账户即对每个人的二氧化碳排放量做记录，并开设账户。实际上，许多国家都实行碳税制度。排放量越高的企业需要交纳的碳税就越多。相反，碳排量低的绿色企业会获得补助。企业的碳排放量存在着实际的交易市场。而支付宝的设想正是为个体碳排量的市场做准备，进而发展碳资产的买卖、投资等项目。虽然目前个人的碳排量无足轻重，但在未来可能成为每个政府都不可忽视的数据。在未来，低碳行为也许能转化为实际价值，到那时支付宝已经积累了大量用户，并拥有运营新模式的经验，自然会有诸多优势。

此外，蚂蚁森林还有着走向世界的预想。目前，世界上并没有大规模统计个人碳减排方法的统一标准。蚂蚁森林的算法优化是全新的探索。清华大学中国碳市场研究中心主任、联合国清洁发展机制执行理事会前主席段茂盛提到："蚂蚁森林将为中国甚至全球的环境和公益做出更多贡献，成为可复制的样板工程。"

2017年初，蚂蚁金服和联合国环境规划署在达沃斯论坛成立了全球首个绿色数字金融联盟（GDFA），蚂蚁森林正在探索走向全球的道路。

3. 专业性：为用户提供高质量服务

蚂蚁森林最初的碳排量算法正是与北京环境交易所共同研究出具的个人碳减排算法，并成立了专业研究小组。2017年6月8日，蚂蚁金服宣布为"叫醒2.2亿中国人"成立个人碳减排专家委员会，简称"专家委员会"，推动出台全球首个大规模个人碳减排算法标准，升级现有算法。

"种树"也有着完善的流程。用户每种下一棵树都会领取一个编号，可选择树种，并能直接定位到自己的树苗上。2017年11月16日，蚂蚁森林联合佳格天地推出了部分地区"卫星看树"和"实时看树"功能，借助遥感卫星技术实现真正可视化，蚂蚁森林在太空中清晰可见。如此人性化的服务提升了品牌形象，也吸引了更多玩家。在遥远的沙漠上拥有一棵专属自己的树，这样的诱惑怎能不让人心动？

2018年，支付宝宣布蚂蚁森林已和全国绿化委员会办公室以及中国绿化基金会签约，支付宝种树模式被正式纳入国家义务植树体系，从2018年11月底开始，蚂蚁森林每种三棵树，便能获得一张由国家颁发的全民义务植树尽责证书。这意味着用户使用蚂蚁森林种植树木的行为与亲自种树一样获得了国家机关的认可，这更鼓舞了用户们的积极性。

4. 互动性：增强黏性与提升形象

蚂蚁森林的玩法鼓励了用户之间的互动。蚂蚁森林中的好友正是在支付宝有过转账交易的好友，基本对应着相互信任的社交圈，"偷能量""浇水"等玩法正是利用强关系互动来增强用户黏性。合种等玩法的推出更是将互动扩大到人数更多的集体，归属感下用户们更易对"大家一起种下的树"产生喜爱，从而更有动力参与其中。

此外，支付宝官方也十分重视对蚂蚁森林的宣传，与用户进行互动。2019年，蚂蚁森林官方发布了2019年与2017年种植情况的对比视频，实景拍摄下从零星到大片的绿植画面配上煽情的音乐，让不少人表示"泪目"。在公关方面，2019年上半年，有人在知乎上发起提问"你对支付宝蚂蚁森林有什么看法"，最早的最高票回答指责蚂蚁森林把控买卖用户隐私，并在协议上动手脚等，蚂蚁森林官方账号"蚂蚁金服"反应迅速，正面解释并反击了此回答，态度稳重，不卑不亢，挽救局面的同时提高了声誉，这一回答也取代之前的回答成为了新的最高票答案。

知乎"蚂蚁金服"的设置及其及时公关的行动，侧面展示出蚂蚁森林的敏锐和对用户反馈的重视。在传播力如此迅猛的今天，实时关注各大平台内的动向，在谣言出现时及时澄清事实极为重要。

5. 趣味性：玩法机制不断更新

与以往大多数公益项目不同的是，蚂蚁森林真正考虑到了游戏的趣味性，让玩家在做好事实现自我价值的同时也收获了愉快的心情，而并非依靠展示受助对象悲惨的境遇吸引眼球。在人们的时间与精力趋向碎片化的当今，有趣简便的方式更能抓住用户的心。

2017年蚂蚁森林推出了保护罩的功能，用来防止被好友取走能量，后又推出了各种玩法。合种树也是种类繁多，除了为情侣准备的爱情树外，其他树的合种参与者可达到六十人。合种队长权限、成员贡献统计等也在完善。

蚂蚁森林还上线了"养护自然保护地"，用户积攒够绿色能量后，将获得5平方米的保护面积，由支付宝的公益合作伙伴负责照顾。保护土地要求的能量相对种树较低，更容易达到，也符合环境保护的宗旨，这同样吸引了用户参与。

在树种上，用户们梦寐以求的樟子松用个人的力量难以达到。于是支付宝在"95公益周"活动上，鼓励用户在"明星公益林"中浇水的玩法们参与一次种植樟子松的挑战，受到用户们的欢迎。

2017年6月8日，支付宝又推出了"蚂蚁庄园"。用户通过低碳支付领取饲料喂养小鸡，获得鸡蛋后可以进行捐赠。这种玩法为用户提供了更易实现的目标。

2020年5月22日，支付宝蚂蚁森林与中华环境保护基金会、山水自然保护中心合作，号召"人人一平米 共同守护生物多样性"，再次更新玩法：每个人都能打开手机，在蚂蚁森林"认领"青海三江源地区1平方米的保护面积。据支付宝统计，目前蚂蚁森林已设立9个公益保护地，保护地总面积超过280平方公里，超2亿人（次）参与了保护地认领。此举在增添游戏丰富性的同时，也大大提升了品牌形象，收获了用户的好感。

（蚂蚁森林营销案例视频请参考此链接：https://v.qq.com/x/page/m0863363cnh.html）

（三）一元卖画

2017年8月29日，许多人的微信朋友圈都被一组画作霸屏。这个名为"一元卖画"的活动是由"WABC无障碍艺途"与腾讯公益合作的公益项目，由上海艺途基金会在腾讯公益平台上发起，由具有公募资质的深圳市爱佑未来慈善基金会负责善款接收。项目在8月17日开始筹款，29日在微信朋友圈迅速扩散，参与人数以惊人的速度上升，到30日已完成目标筹款1500万，捐款人数达到581万。

图9-3 "一元卖画"界面

分析其成功之处，策略关键如下：

1. 网络捐赠

现场捐赠会让捐赠者面临着将捐赠金额公示的压力。近年来网络筹集善款兴起后，人们得以避免了因捐赠数额差距导致的尴尬，匿名或网名捐赠以及不设最低数额激励了人们捐赠的积极性，即使数额微小，涓涓细流也能汇聚成汪洋大海。而"一元卖画"如此低的额度更让人们慷慨解囊。"一元卖画"的主办方WABC的创始人表示这一元主要在于表达对心智障碍人群艺术天分、精神世界的认知，但积少成多也达到了惊人的数额。如此成功的传播应归功于几乎"零门槛"的设置，当人们看到朋友圈几乎人人参与这一活动，同时考虑到如此低的成本，便会不由自主地参与进来。

2. 充满人性关怀的构思

"一元卖画"的发起方 WABC 是一个致力于给以自闭症为主的心智障碍人群做艺术疗愈的中国组织，以往人们对帮助智力、精神障碍者的慈善项目的印象仅仅停留在捐赠一些生活必需品上，或者作为志愿者探望他们，与这些患者交流。但这类项目本质上仍然将患者看作特殊群体，并没有真正与患者进行平等深入的交流。

对心智障碍人群艺术创作能力的发掘在国外已有先例。1945 年，法国现代艺术家让·杜布菲在瑞士参观了几家精神病院的艺术收藏后，惊奇于画作的高水平，他把这种艺术命名为原生艺术。2009 年，WABC 的创始人苗世明接触到残障人士的美术作品后，惊讶地发现他们拥有不输常人的艺术天赋，而且艺术创作对改善他们的病症也有一定帮助。他为 WABC 创作的口号是"发现中国的梵高"。

对心智障碍人群进行艺术引导，发掘他们的艺术天分，这个行为相对于捐钱捐物等慈善行动更充满了人性关怀，满溢着尊重和爱护，以往这类慈善鲜有将心智障碍者当作令人钦佩的艺术家对待的，因此，这个项目让人们新奇和感动。

3. 借助社交平台扩散传播

通过朋友圈转发扩散是充分地利用了社交平台中关系网络的推动力，这也是活动成功的原因之一。这次活动对于主办方实际上是一场意外，负责人称，本来计划 2017 年 9 月 1 日在南京地铁站地下屏幕上投放这些画作，形成现实的画廊，但内测时可能出现了问题，使得内容意外被泄露到微信朋友圈，不料立刻成了爆款，火爆程度甚至引起了世界的注意。微信官方不得不紧急调整以免造成网络瘫痪，最后甚至不得不关闭捐赠入口。微信朋友圈的扩散带来的效果是主办方意想不到的。

腾讯公益有官方的微信公众号，人们可以通过这个公众号进入公益界面，了解各种慈善活动并献上爱心。腾讯公益页面的慈善活动非常多，但少有像"一元卖画"这样广为人知的。而人们对"一元卖画"的转发是一场自发的扩散，人际关系网络的功劳不可小觑。

4. 顺应受众的心理需求

"一元卖画"选取的 36 幅画作都有着一定的审美价值，不少网友感叹："美""感动"，人们自然愿意接受这样美丽的图片作为屏保，在献爱心的同时拥有了审美享受，表达了对艺术和美的认可，这样的经历让人身心愉悦。以往一些慈善活动通过展现受助者的悲惨处境来激起人们的恻隐之心，虽有成效，但难免让人心情沉重，"一元卖画"却做到了赠人玫瑰，心有余香。

5. 迅速回应质疑

"一元卖画"因其惊人的参与数量令人瞩目，面对如此火爆的局面，不少网友开始怀疑其背后存在利益交换，慈善活动存在商业性质等，有人向公安举报了这次公益活动的合法性，随后WABC创始人苗世明解释了捐款用途以及流动过程，表示之后款项去向将会公示，人们担心的"反转"并没有出现。对于人们质疑"为何不将捐款直接给个人"，他表示"捐的是认知"，并解释每幅画的作者都会拿到一定的版权费，捐款也并没有任何私人用途，而是都用来进行对心智障碍者进行艺术疗愈。他还对活动场所、器材、师资方面的规划进行了解释，打消了公众的疑虑。

（WABC公益营销案例视频请参考此链接：https://v.qq.com/x/page/e03329oci1y.html）

第十章　场景营销

移动互联网的到来使疲软的传统营销模式走向衰落，手机的普及让企业营销活动向移动端聚集。手机渗透了人们日常生活的大多数场景，媒介消费也因而呈现出场景的细分，例如出行场景、餐饮场景、购物场景、支付场景，等等。通过建构特定的场景，实现线上线下连接，这种场景营销模式自然成为企业推广的重要手段。

社交媒体平台是人们在移动端的聚集区，无社交不传播的媒介现象也延伸到了商业层面，展现出无社交不商业的新局面。以微博、微信为主的社交媒体平台拥有丰富的场景入口，在互联网人口红利不再，线上和线下的流量成本大致趋同的大背景下，场景营销成为各大企业引流存流，挖掘用户数据和组建商业链条的新选择。移动传播的本质就是对场景（情境）的感知和信息（服务）的适配。[1] 目前，各大企业依托于互联网平台，已经开始利用移动设备、社交网络、数据处理、传感器与定位系统这五种原力的不同组合来促进商业的发展，[2] 开发出相关的场景工具、场景应用以及场景服务，力图通过新媒体渠道，用新颖、可视化、有爆点、互动性强的广告表现方式，以"场景"为诱发点开启场景营销时代。

一、概述

（一）"场景"与"场景营销"的内涵界定

1. 解读"场景"

"场景"（Context）通常表现为电影、戏剧当中的场面和情景，也包括客观存在的空间场域和在空间内由背景和物体或人际活动给予人感官的一种氛围。它可以是一个戏剧的舞台，也可以是自然景观中的苏州园林，还可以是情感衍生的沉浸式体验。

本书中所说的"场景"包括真实场景和虚拟场景，也叫做原生场景和网生场景。

---

[1] 彭兰. 场景：移动时代媒体的新要素［J］. 新闻记者，2015（3）：20.
[2] 斯考伯，伊斯雷尔. 即将到来的场景时代［M］. 北京：北京联合出版公司，2014：3.

真实场景往往分为在一定空间范围内固定的自然景观、地标建筑、各类场所，以及在各类场所中人们在不同时间段动态的生活踪迹。虚拟场景往往是指由互联网筑建起来的网络虚拟社区，人们在这个社区内可游戏、可社交、可购物，等等。

事实上，"场景"无处不在。网购的流行、O2O商业模式的兴起，让人们的真实生活线下场景与虚拟生活线上场景紧密地结合了起来，营销模式呈现出线上与线下连接、整合营销的新特征。实际生活中，线上线下虚实场景结合的营销模式，改变了传统企业的品牌、设计、营销、渠道等的连接方式，更改变了消费者的生活方式。

我们走进一家商场，看见各个门店门口的广告牌和琳琅满目的百货，闻到美食区飘来的阵阵香气，人们拎着包排着队用支付宝结账，这就是一个场景。我们去看一部电影，因剧情的发展而感动，因音乐的跌宕起伏而紧张，因时代背景让人感同身受而有强烈共鸣，这部电影本身就是一个场景。我们从一个地方去往另一地方，随手在路边拦车，这也是一个场景。当我们想唱歌时，随手打开了手机里的"唱吧"App，将自己的歌声录下来，这也是一个场景。场景可以是一种服务，也可以是一种产品，还可以是一种情感体验。

在网购如此盛行的时代，人们根本不需要为能不能买到一样商品而发愁，人们只会因为买不到一样适合自己的商品而苦恼。供大于求的市场环境让人们的选择变得更加挑剔，谁打造的场景更加贴近消费者的生活，谁的场景产品具有让消费者"一眼相中"的能力，能够快速满足消费者的即时需要，谁就能在场景的竞争中占据市场。

所以在营销活动中，"场景"的本质到底是什么呢？

在移动互联网时代，"场景"常常表现为某种与游戏、社交、购物等物联网行为相关、通过支付完成闭环的应用形态[1]。它更特指一种思维，场景思维强调覆盖用户移动碎片式消费，强调以人的体验为中心，强调契合或者引领某种新的生活方式[2]。

2. 场景营销的内涵

场景营销就是企业根据用户在特定场景中的实时状态，迅速对当下场景进行识别，从而在互动中推荐或提供与用户需求相适应的产品与服务的营销活动。内容质量、产品特色、消费行为、购买决策、传播渠道、广告表现方式均为影响场景营销效果的因素，而直接决定场景营销效果的核心是"用户体验"。场景营销的目的是将产品卖给用户，无论是产品售卖的方式、售卖的过程，还是售出后的服务，"用户体验"都贯穿其中。用户的体验又是实时变化的，所以，想让消费者在整个体验过程中感受到惊喜，

---

[1] 吴声. 场景革命：重构人与商业的连接［M］. 北京：机械工业出版社，2015：28.
[2] 腾讯传媒研究院. 众媒时代——文字、图像与声音的新世界秩序［M］. 北京：中信出版社，2016：114.

企业需要明晰场景与场景之间的关系，再以用户为中心进行个性化的场景搭配组合，给用户带来良好的体验。

场景作为一个重要元素引发了一场营销变革，它是如何一步步走到现在的？

（二）场景营销的发展阶段

互联网的快速发展让场景营销的方式变得复杂多样，其发展经历了线下、线上和线上线下相结合三个阶段，在不同发展阶段中，场景对商业系统的重构模式也大不相同。

最初阶段的场景营销是通过线下来实现的，它主要通过各大厂商和旅游景点营造的实物场景，让用户在真实场景中购买商品。比如闻名世界的杜莎夫人蜡像馆收藏了众多世界明星的蜡像，每位入选者都是大多数人渴望见到的名人，栩栩如生的明星蜡像与自己零距离接触就好像是明星本人放在了自己面前，出于对蜡像技艺的好奇和对偶像的崇拜，游客都排着队买票进去想一睹名人风采。又比如，一个旅行团去往俄罗斯古镇扎郭尔斯科旅游，游客看到当地工匠精湛的雕刻技巧和绘画艺术，受到这种俄罗斯民间文化的熏陶，就会买一组套娃带回家留做纪念。在以上两例中，消费者的需求也许并不是"刚需"，而是由于受到真实场景的感染才产生了购买行为。

场景营销的第二个阶段是通过线上来实现的，它主要表现为游戏场景和虚拟货币。从早期的游戏场景来讲，QQ 空间（Qzone）是腾讯公司于 2005 年开发出来的一个具有个性的空间，用户可以书写日志、写说说，上传个人的图片，通过多种方式展现自己。除此之外，用户还可以根据个人的喜爱设定空间的背景、小挂件等，通过编写各种各样的代码来打造个人主页，从而使每个空间都有自己的特色。当然，不是所有的装扮商品都是免费的，想获得更超值的"皮肤"或者获得海量"特权"，需要花 10 元人民币去固定的营业厅充值"1 个月 QQ 空间黄钻"服务，若想维持自己"小窝"的美观，就必须买腾讯的"年钻产品"。这种个人主页也相当于是一个游戏场景，一个区别于现实房间的"小窝"，消费者通过虚拟货币来获得超值的体验和服务。这个阶段人们的需求是垂直的、细分的，市场需要通过精准投放来实现。

场景营销的第三个阶段是通过线上和线下的结合来实现的。这里我们首先要提到一个来自美国电子商务领域的概念——O2O，即 Online To Offline（在线离线/线上到线下）商业模式。O2O 商业模式是指将线下的商务机会与互联网结合，让互联网成为线下交易的前台。例如，先用手机团购了某家餐厅的餐券，然后再去实体店享受服务。再比如先用手机"滴滴打车"呼叫车辆，再上车享受服务，最后通过手机支付费用。O2O 的概念非常广泛，只要产业链中既涉及线上，又涉及线下，就可通称为 O2O，实现 O2O 营销模式的核心是在线支付。O2O 营销模式渗透在人们生活的各个应用场景，企业可根据消费者的刚需诉求来设计商品的功能特点，展现产品的场景价值，由此引发其购买联想。此时消费者的身份发生了转变，不再是"一味接受"，消费者和商家是一种平等的关系，他们甚至可以参与到产品的设计环节当中。只有全面掌握商品信息，把握住消费者的刚需诉求，设计出"以用户为中心"的产品，建立营销场景与消费者之间的"强连接"，才能占据市场。

综上所述，场景营销的发展是一个不断细化的过程。从企业产品开发角度来看，场景营销实现了从"以产品为中心"到"以用户为中心"的转变；从消费者接触产品角度来看，场景营销实现了从被动接受产品信息到主动搜索产品信息的转变。

（三）场景营销的特点

场景营销是以用户为中心、以位置为基准、以服务为价值的新兴营销方式，它具有技术性、贴近性、精准性、碎片化、个性化的特点，实现需求与营销的无缝连接是场景营销的本质。场景营销拉近了商家和消费者的距离，让消费者的消费行为不再被动，企业通过激发消费者全身感官，让其有种"沉浸式"的消费体验，在满足消费者内心期待的同时能够利用用户的"主动性"，获得更多的转换利润。

1. 场景营销的技术性

场景营销的技术性决定着营销的维度，维度的提升有利于提高消费者对品牌的认知、在优化广告的传播效果的同时，也有利于后期为本地广告主提供可量化的营销服务。基础设施越完备，采集数据的方式就越多样化，信息量也就越丰富、越准确。通过数据和算法可以采集场景、人群和时间段等多维系数，分析结果将被场景营销产业链中各环节上的企业用于细分用户画像，监测用户行为、用户媒介接触习惯和生活习惯，提高企业对用户的判断和预测的精准度，进而影响产品的设计与销售环节。二维码、扫一扫、摇一摇等新媒体技术的出现优化了广告的表达方式，丰富着消费者的感官体验，提升了广告的传播效果。

2. 场景营销的贴进性

场景营销内容的贴近性决定着产品是否对消费者具有吸引力，目前衣食住行是场景营销重点关注的场景细分。移动设备"伴随"着人们日常生活的方方面面，是体验场景的重要载体。工作学习之余、吃饭时、上卫生间等场景的细分衍生出不同移动的、分散的"碎片"需求。企业瞄准这些碎片，填补场景之间的空隙，可使营销内容更加贴近消费者的日常生活。营销内容贴近日常生活，弱场景就能变成强需求，就能提高消费者对产品"实用性"的认可度。

3. 场景营销的精准性

场景营销的精准性指在企业对消费者进行精准定位后，把广告与线下消费直接连接起来，实现精准投放，以最小的成本收获最大的营销效果。广告的精准投放有利于刺激消费者的需求，引导、触发消费者的消费行为，通过营造喜闻乐见的场景气氛让消费者"沉浸"在场景体验之中，从而激发消费者的购买欲望，提高购买率。

4. 场景营销的个性化

场景营销的个性化指在营销活动中"场景"是一种具有规则性的存在，任何一种场景除了具有自己的物理特征外，还具有自己独特的规则体系。当个体进入到一个场景当中，就要受到场景规则的引导与支配。消费者会选择性地进入场景，是因为消费者在场景的特征中找到与自己的共性，所选择的场景满足了自己个性化的要求。所以，场景越个性化，就越吸引消费者的注意，与消费者适配度也会越高。

（四）场景营销的类型

1. 原生场景植入式营销

原生场景是指日常生活中以物理形态存在的固定场所，它通常是利用建筑作为背景，以物品作为烘托的场景，例如商场、旅行社、饭店、车站、电影院等。原生场景营销形式多样，例如下雨天地铁口有人卖伞，操场旁有饮料自动贩卖机，进入商场、公寓等室内场景会收到服务活动短信等。还有各大商圈为了迎合节日气氛，通过极具风格的景观布置和精美的产品陈列建构出一个节日场景，烘托出一种欢快、有趣的节日气氛，以此来吸引消费者的注意，在美化商场自身形象的同时也诱发了消费者的购物欲望。与此同时，商家通过自家移动端发送商品优惠信息，通过双方交互直接引导消费者走进商场，触发消费行为。

2. 网生场景分布式营销

网生场景是指基于互联网建立起来的虚拟平台场景，企业和用户通过互联网进行沟通和交易。例如电商平台、视频平台、游戏平台等。企业通过把一个平台化为一个场景入口，将消费者的日常生活与移动应用平台相互粘连，直接连接产品销售与服务体验。例如打车用"滴滴出行"、点外卖用"美团"、买正品上"唯品会"、付款用"支付宝"等，这些生活服务类移动应用关注到用户碎片化的移动场景，利用场景与产品的连接，开发出使生活变得更高效、能满足用户长尾需求的产品。网生场景营销通过互联网技术让线上与线下同步，实现了用户能够在线上即时购买，在线下享受服务和评价反馈的O2O营销闭环。

3. 基于用户个性特征的情感营销模式

亨利·列斐伏尔认为社会空间是一种区别于自然空间，具有目的和意义的生产性的存在，空间场景也可以成为一种生产力的工具和方式。也就是说，企业通过煽情性的文字、图片、音乐、视频等多媒体表现方式为用户"讲故事"，通过"故事"调动用户内心情感，深入表现企业的价值观与运营理念，也是一种社会意义生产的行为。企业通过注重产品和用户的连接，淡化了产品信息，释放了品牌内涵，让广告方式更易让消费者接受。例如2017年12月唯品会周年庆暖心短片——《每个惊喜背后，都是开不了口的我爱你》点击量破万，赚足了消费者为"爱"留下的泪水。企业此时利用"爱"为契合点，与用户形成"情感共振"，大大扩散了品牌影响力。情感营销不仅会成为品牌营销过程中的重要输出端，还会加强品牌营销价值的转换，成为品牌市场中的价值端口。

4. 基于社交氛围的互动分享营销模式

互动场景营销最经典的是微信"抢红包"。2015年央视春晚"微信抢红包"活动，建构了全国人民一起在线上抢红包的互动场景，为节日增添了活跃的气氛，同时也增强了人与人之间的交流。企业只有在网络中不断制造话题，增加营销内容中的互动环节，提高用户的参与度，让商家和消费者共同生产和传播，优化营销体验，通过病毒式传播手段让品牌和产品被更多的人了解，把分享转化为消费。

5. 基于社群的粉丝营销模式

基于兴趣爱好所形成的社群本身就是一种场景的入口，如足球场景、动漫场景、知识场景、时尚场景、游戏场景等。在这些场景中用户黏性极高，且消费行为容易受到"意见领袖"的影响。企业可以通过打造独特IP，作为"意见领袖"来生产UGC内容，吸引用户，利用"粉丝效应"销售"意见领袖"所推荐的产品，通过口碑传播达到"一触即发"的营销效果。

二、场景营销的策略

（一）运用场景思维，做好产品设计

1. 转变产品设计思维

设计产品时要从"以用户为中心"的转变到"以场景为中心"，因为所有用户在不同的场景下都会衍生出不同的场景需求，这时就需要产品来满足当下需求。而在类似场景下，用户的需求也是类似的，所以不需要精确每一个用户画像，太抠每一个用户的性格特征的细节，而是应当按照用户需求进行分类，尽可能地放宽同类需求的参与条件，便于用户在进行自我归类时，更大范围地参与到场景活动中来。

2. 将产品功能融入场景

设计者在设计一款产品时，应当关注每个用户的具体操作场景，洞察用户心理，站在用户的角度思考，通过用户的具体需求将产品功能融入到各个场景中。

比如当用户在选购手机时，导购员通常会询问顾客平常是使用哪种功能比较多，从而为用户推荐适合其的机型，这就说明伴随着不同场景需求，产品的功能成为场景体验的最重要的因素。比如当人们开启手机需要快速解锁功能时，虽然苹果手机与安卓手机都有指纹解锁功能，但解锁键的位置设计却不同，苹果手机只能在手机最下端进行解锁，而安卓系统的华为 Mate 10 pro 却可以在机身背后利用食指轻松解锁，这就方便了手掌较小、大拇指较短却买了较大尺寸手机的用户，这种人性化的设计，为用户在开启手机锁屏的场景中提供了良好的体验。

（二）巧用工具构建场景，实现场景"强连接"

1. 实现场景连接的要素

企业在进行场景设计环节时，用户的需求和体验是连接产品和场景的要素。设计出来的场景需要与产品的功能紧密联系，将产品嵌入到所造场景当中，通过场景来表达产品的功能、理念与服务，这样才有利于企业形象的树立与传播。产品与场景的关系越紧密，越能提升购买率，用户的消费行为越自然流畅。当消费者感到产品是其所需时，加之通过不断增强的用户体验，他们就很容易转化成忠诚用户。比如"钉钉"App，它是阿里巴巴集团专为中国企业打造的免费沟通和协同的多端平台，支持

手机和电脑间文件互传，其主要功能为企业沟通，包括电话会议、消息已读未读功能、团队组建、企业（团队）办公协同等。在工作时间内，"钉钉"的产品功能几乎可以满足一切随时变换的工作场景，实现高效沟通，节约通信费用和时间，提升企业工作效率。

2. 实现场景连接的工具

合适的营销工具可以实现有效的场景连接，企业可以利用地理围栏技术、搜索引擎、大数据和社交媒体来设计获取产品的途径，便于场景化的实现。

首先，随着大数据、LBS 定位系统的发展，高精度室内定位系统 iBeacon 地理围栏技术的出现使产品能够直接与人相连，这使场景营销成为可能。当用户手机进入或者离开某个特定地理区域，或在该区域内活动时，手机可以接收自动通知和警告，比如进入商场时会收到附近商家信息和相关优惠活动。通过定位系统，企业引导用户使用微信摇一摇、扫一扫的方式便可以迅速进入营销场景，从而打通从线上至线下的连接链条，实现商业引流，提升单店商品销售转化，促进用户多次消费。

其次，企业可以利用搜索引擎和大数据，让消费者通过搜索"关键词"主动地获取产品信息，做到"精准投放"。

最后，企业可以利用社交媒体，设计 H5 小游戏通过微信来进行互动，让用户自动参与到场景中来，以达到互动传播的效果。这时消费过程的意义不再只是行为本身的表现，而是通过社交网络的分享、转发、点赞、评论等场景共享进化成了新型的购物关系[①]。

3. 多种感官激发，提升用户体验

（1）视觉冲击，吸引首屏用户

场景营销的手段较为繁杂，它主要通过文字、图片、音乐、视频、大数据、搜索引擎、现实场景这几个方面来实现。但这些媒介如果想要在众多不同类型的营销活动中突出重围，场景内容本身就必须通过极具创意的内容在第一时间抓住消费者的眼球。文字内容方面，企业可以用"讲故事"的方式，让产品本身提供有趣、有意义的故事来吸引消费者，通过产品背后的故事来拉近消费者与商家的距离，从产品与场景相结合中体现出的品牌理念来打动用户，刺激消费。

产品的广告词要与场景紧密结合，应简明扼要，突出产品功能特点，便于重复、

---

① 许晓婷. 场景理论：移动互联网时代的连接变革［J］. 今传媒，2016，24（8）：85-86.

记忆和流传，要让消费者身处场景之时立马能够联想到品牌的广告词，使之成为自然的本能反应。图片、视频要尽量贴近产品，选用当下流行的个性化的图片和能让人产生情感共鸣的视频素材。素材可以利用许多媒介载体来表现，但在注意力稀缺的当下，只有多屏整合、调动身体各个感官，进行全媒体传播，才能加深消费者的品牌印象，达到较好的营销效果。

（2）先"试"后买，进行体验带入

"体验"是场景中最能直接转化为购买率的因素，用户体验直接决定着用户对品牌的印象和用户留存率。现代人越来越快的生活节奏催生了简单、极致、有效的信息获取需求和产品功能体验需求，任何人都想在最短时间内有效完成自己所从事的任务，所以最佳的体验就是第一时间满足用户需求。在很多时候，用户在搜寻信息的过程中，由于操作步骤过于繁杂而直接放弃用户注册或直接避开相关营销活动，所以在进行场景营销时，设计者必须简化用户获取产品信息的过程，操作界面也必须符合用户阅读习惯。

目前，许多企业在新用户注册时，就会有首单优惠活动，让消费者通过线上注册获得线下超值的服务。而许多移动端阅读工具，例如"京东阅读"App、"当当阅读"App都会有新用户免费租阅的活动，时间期限为3—7天，试用期过后就需要付租约费用进行阅读。百度云也是可以先体验加速解析视频功能，其权限次数用完后就需要充会员来使用此项功能。这也相当于先让用户免费体验产品，待用户享受过良好体验后，"诱导"用户主动为产品功能买单，这样既避免了误买用户对产品产生的负面印象，也获取了忠于此项功能的有深度需求用户的资料。

（三）品牌联动，互利共赢

随着市场营销的激烈竞争，行业场景如果一直"单打独斗"，用户很容易产生审美疲劳，品牌也很难给用户带来创新体验。当品牌的用户增长趋于平缓时，企业就要开始考虑如何才能让自己的品牌以新的形象站在消费者面前，吸引潜在用户。在"单打独斗"之后，选择跨界合作，行业之间相互渗透，场景之间相互融合，多场景的组合可以达到一个品牌传播力1+1>2的效果。跨界营销现在已经成为国际商业风潮，在场景营销中，跨越不同的商业场景，通过各种生活场景的不同组合可以催生出极具创意的新场景。

在如今物质丰裕的时代，消费者购买产品除了关注产品本身的功能之外，还同样关注购买体验和产品精神上的个性化价值表达。也许你不会同时买两个产品的"功能"，但也许你会同时买两个产品的"情怀"。因此，企业在进行跨界营销活动之前，品牌与品牌之间的关联度是一个需要考虑的问题，这个关联度体现在品牌双方的品牌实力、品牌理念、营销战略、消费群体、市场地位等方面是否具有共性、互补性和对等性。在进行跨界营销活动时，由于企业是联合宣传，首先要做的是对目标消费群体进行详细深入的市场调研，分析消费者的消费习惯和使用习惯，通过数据针对彼此相同类型的用户群体制定和订正场景营销策略，通过双方的"两微一端"搭建品牌融合场景页面和互放购买链接，充分发挥协同效应，从不同的角度诠释相同的品牌理念，带给用户全新互补场景体验和企业品牌认知。这种跨界场景营销利用"强强联合"的手段，有利于在大范围内提高品牌与产品的曝光率与知名度，从而在最短时间内抓住潜在用户。

2017 年 OFO 通过投放带有小黄人公仔图案的车辆，以及"骑小黄车集小黄人卡赢 77.77 元现金"的活动，刷爆了《神偷奶爸3》的电影线上线下场景，OFO 也通过小黄人这个知名 IP 增加了注册量和骑行率。小黄人的形象就是黄色的，加之小黄人一直作为轻松欢乐的形象在银幕中与观众互动，"轻松欢乐"正好与 OFO 小黄车的品牌理念完美契合，这就很容易让人看见小黄车时就联想到小黄人。OFO 小黄车选择与同年暑期档电影《神偷奶爸3》中的小黄人进行跨界合作，可以说是融合了出行场景和娱乐场景，针对同样的消费群体创造了一个充满创意和惊喜的生活方式，在宣传产品的同时也给用户带来了个性化的场景体验。

三、场景营销案例解析

（一）诺亚 ibeacon 技术触发场景营销

图 10-1　场景海报

诺亚网络是 ibeacon 全产业链服务商，在 ibeacon 业内，使用诺亚 ibeacon 技术创业者超过 70%。诺亚旗下拥有 ibeacon 多功能互动管理系统和悟空摇户外广告管理系统，累计为全国 400 多个平台提供技术支持，覆盖超过 130 多个城市。诺亚 ibeacon 技术致力于通过室内定位技术及大数据平台对室内位置进行感知，从而进行线下的场景定位，实现有效智能资源的分配建设。

这一场景技术的策略关键如下：

1. 通过低成本硬件将线下场景进行连接

目前，诺亚网络作为 ibeaocn 业内程序供应商，所有合作商只需要向诺亚购买 OEM 软件即可打造属于自己品牌和数据的 ibeacon 互动营销系统。通过拇指大小的设备，无需取电、无需 WIFI，借助价格低廉的硬件就可将线下场景进行连接，聚合所有线下碎片化的流量，为商家进行线上导流或者为线上品牌进行线下场景的精准分发。诺亚 ibeaocn 首创了红包、积分、卡券三者合一的营销体系，主要运用于餐饮零售、广告服务、景区和会议展览等领域，它可以让商户用最低成本实现与消费者的高频互动。诺亚 ibeacon 场景技术让线下商户与消费者之间拥有更强的互动性和链接，同时基于近场的互动技术让消费者在每一个点位中都留下了场景属性，通过大数据可以更好地匹配用户的需求和体验。

比如商场在某家店铺里安装了一个诺亚 ibeacon 设备，顾客恰好也安装了商场的 App，当顾客靠近这家店铺时，商家依托自身资源，根据场所属性、客户行为，通过自动推送或微信摇一摇或小游戏的互动方式，进行商场地图导航、积分、红包、电子优惠券的推送，让顾客所需信息可视化地呈献在手机上，供其选择。当顾客开车出行靠近停车场时，商场便会告知顾客是否有停车位，引导顾客到达停车区域，取车时也会为顾客规划取车路线。诺亚 ibeacon 让用户的购物场景体验更加有趣，也更加便利。

如果游客在景区需要自助导游服务，诺亚 ibeacon 技术可以帮游客完成购票、景点介绍、与周边纪念品商铺实现互动等服务。通过后台设置，如果你身在一个会议场景，入场签到、会议日程、参与人员信息可以马上推送到你的手机上，让你迅速了解大会内容。

2. 精准识别用户，导向细分场景

诺亚 ibeacon 实际上就像一盏明灯，为用户树立了一个通往室内不同细分场景的导向牌，安装了诺亚 ibeacon 的商家可以快速搜集到顾客数据，对其详细地进行客流分析，实现精准的营销内容投放，而用户也会在第一时间获得想要的推送，实现商家、平台、用户三赢。"店内互动，店外导流"是场景营销最主流的解决方案，而提高用户体验和消费率是诺亚 ibeacon 场景营销的本质。当线下场景越来越普及诺亚 ibeacon 技术时，商家与用户的连接就会越来越紧密，不同领域的线下场景引爆线上消费的 O2O 趋势也越来越明显，随之用户的场景体验也会越来越丰富。

场景营销的发展经历了两个阶段：第一个阶段是用户自发地输入、搜索和浏览商品信息，此时用户是主动的。第二个阶段是诺亚 ibeacon 技术的出现，使商家可以自发地进行信息推送，在被动用户的面前，商家此时是主动的，这在很大程度上可以防止被动顾客的流失。从本质上讲，场景营销离不开数据技术的支持，在定位和数据分析服务的基础上，针对用户进行定向广告投放降低了营销成本，同时又提升了营销效果。

（诺亚场景营销案例视频请参考此链接：https://v.qq.com/x/page/i0770rmun2z.html）

（二）"滴滴出行"，让出行更简单

2012 年 7 月，北京小桔科技有限公司在历经三个月的准备后，于同年 9 月 9 日正式推出"滴滴出行"手机客户端。"滴滴出行"是我国第一家使用移动互联网技术的一体式共享打车平台，几乎涵盖所有出行方式的用车场景，目前已经扩展到专车、快车、顺风车、出租车、代驾、自驾租车、公交、豪华车九项服务类型，截至 2020 年数据，"滴滴出行"用户有 5.5 亿，并已拓展到全球市场。

图 10-2 "滴滴出行"海报

总结"滴滴出行"的场景营销，其策略关键如下：

1. 连接车与人，构建出行场景

在"滴滴出行"还未出现之前，乘客碰到人流高峰期、恶劣天气或是在位置较偏远的地方总是很难打到车，因此需要特意预留打车的时间而不得不提前出门，有时还

会碰到空车拒载的情况，这让需要经常出行的人们感到极度不便。另外，以往打车方式的弊端也让司机很辛苦，偏远地区返程途中若载不到客，司机的成本也将会变高，风险也得自己承担。

"滴滴出行"实际上解决了这两大痛点，它通过互联网将"车与人"连接起来，在全国范围内建立了出行场景，为用户提供了高品质的服务。它将"从哪儿来，到哪儿去"之间的碎片场景利用场景技术串联起来，实现了乘客与司机的信息对接，改变了传统在路边招手的拦车方式，建立了在线上用手机叫车，线下享受乘车服务的现代化出行方式，为用户缩短了打车时间，降低了拒载率的同时也为司机节省了成本，降低了空驶率。为了在消费者心中牢牢地形成"出行就用滴滴"的场景形象，滴滴花了不少宣传费用，比如在滴滴打车"对自己好一点"的概念推广中，将诉求的场景具体到下雨天不想在路边淋雨、老婆即将产检、加班到深夜没有地铁等场景上。这种场景的关联性，会把滴滴与用户日常行为相挂钩，当用户面临出行场景时，就会想起滴滴。

2. 精准定位、有效连接出行路线

"滴滴出行"与腾讯地图合作，通过移动设备和 GPS 定位系统获取乘客与司机的信息，采集并分析其经常出行的路线，以此来实现有效的连接、调度和匹配。乘客在平台上能够看到周围可供使用的车辆的动态图标，司机也能看到为其规划的最佳行驶路线，这使乘车场景在"滴滴出行"平台上变得更加可视化。另外，企业会要求专车司机在车上准备饮品、纸巾、书刊等日用品供乘客自行选择使用，旨在营造一种家庭氛围，照顾到乘客在车途中可能会产生的一切需求，提高乘客出门在外的乘车体验。

2. 出行场景与社交场景融合

"滴滴打车"将出行场景融入到社交场景之中，入驻了微信、QQ 两大交社交平台，嵌入到了社交媒体生活服务链条上，让客户就算没有下载"滴滴出行"App，也能通过第三方平台享受到打车服务，最终通过微信支付、返红包等发"福利"的方式完成销售闭环。"滴滴打车"让用户在上车前、车途中、下车后都感受到了不同的场景氛围，此时，场景也成为移动端的新入口。"滴滴打车"无论是在产品的实用性还是服务的周到程度上，方方面面都在提升着用户对企业的满意度，而正是这种高满意度促进了用户出行消费惯性的形成，让滴滴成为生活服务的移动互联网入口，也形成了出行用车这一高频高黏性移动场景。

（滴滴出行场景营销案例视频请参考此链接：https://v.qq.com/x/page/h0165i0hysf.html）

(三)"网易云音乐",看见音乐的力量

"网易云音乐"是由网易开发的产品,于 2013 年 4 月 23 日正式发布。它是依托专业音乐人、DJ、好友推荐及社交功能,以歌单、DJ 节目、社交、地理位置为核心要素,专注于发现与分享的音乐产品。2017 年 4 月,"网易云音乐"用户数突破 3 亿,同年 11 月,用户数达到 4 亿,从 3 亿到 4 亿,只用了短短 7 个月时间。

2017 年 3 月 23 日之前,"网易云音乐"的微信指数一直维持在比较低的水平,但在 23 号那一天的微信指数突然飙升到超过 1300 万,刷爆了整个朋友圈。原因是在 2017 年 3 月 20 日,"网易云音乐"和杭港地铁合作发起了一个地铁营销活动《看见音乐的力量》,利用地铁这一封闭空间营造出音乐的场景营销,引发了无数好评,吸粉无数,成为业内有口皆碑的营销案例。

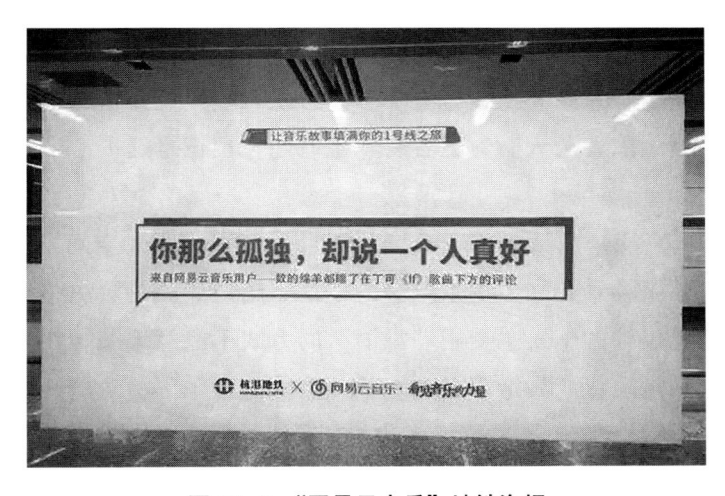

图 10-3 "网易云音乐"地铁海报

其后,"网易云音乐"在营销方面好招不断,屡屡创造刷屏案例。2020 年,"网易云音乐"与吉卜力工作室达成版权合作,《龙猫》《千与千寻》等知名动画热门音乐作品入驻网易云音乐。为此还造了座"吉卜力展览馆",引发网友热议,情怀满满。

总结"网易云音乐"的地铁场景营销及其后的成功案例,其策略关键如下:

1. 掌握人性心理,在场景中捕捉人的情绪

营销策略千万条,掌握人性心理是根本。以 2017 年刷屏的地铁案例为例,网易云音乐从 4 亿"网易云音乐"乐评中提取点赞数最高的 5000 条,再人工筛选出来 85 条评论印在海报上,将整个车厢内部的车身包装成红色的评论墙,让人们无论是坐着还是站着都能从不同的角度看到不同的一句话式的简评。简评内容包括:"最怕一生碌碌

无为，还说平凡难能可贵。""我从未拥有过你一秒钟，心里却失去过你千万次。""我离天空最近的一次，是你把我高高地举过了你的肩头。"……因为这些金句，发布在"网易云音乐"官方微信公号上的主传播文案成为首篇10万+的文章，是平时阅读量的5倍，这次的营销活动纷纷被人们转发。

这些内容之所以引起大量用户关注、传播和讨论，其秘密在于"网易云音乐"在地铁这一封闭场景空间中，捕捉到用户的微妙情绪并激发出他们的认同。这种情绪不仅仅是用户个体与音乐之间的互动，是个体的感受和认知，更带有当下时代烙印的共性，是对人性的深度挖掘。网易云音乐借此搭建了一条通往我们内心的音乐之路，精准无误地切入到用户被挑动的那根神经。[1]

地铁是城市化的产物，一节节小小的车厢聚集着来自五湖四海的人们，在相对静止和封闭的车厢内，处于奋斗压力下的人们会感到疲惫，再加上与陌生人相近却未知也容易心生孤独。如果此时看见车厢里煽情的评论，在地铁这种特殊场景下，人身心的状态会自然地流露，思想和情绪也更加容易迸发。当人们知道这些文字的创作者也许就是站在自己身边的普通人时，更容易产生共鸣，也正是这种"未知"给人们带来惊喜。

从场景的选择来谈，"网易云音乐"充分地将地铁的特点和空间场景给予人的氛围结合在一起，将原生场景与网生场景融合，丰富了用户体验的层次感。"网易云音乐"把用户平常容易忽略掉的个人感受用"哑语"的方式不经意地展现在人们面前，直戳用户心灵，由浅到深地将产品推入人心。从"网易云音乐"的功能开发来看，不管是乐评、私人FM，还是朋友动态功能，解决的还是人最根本的心理需求——"孤独感"。最终，也是陌生人的乐评让"网易云音乐"得以独享这次营销的胜利。

2. 用"故事"为场景注入灵魂

一个好的场景营销，一定要包含情感，情感从哪里来，从"故事"中来。在所有的营销方式中，"卖故事"是最具价值的一种营销方式，因为它不仅成本最低，传播价值也最高，尤其是那些真实的故事。若能用"故事"为场景注入灵魂，将会有直达人心的动人力量。

无论是之前"乐评专列"的乐评、"音乐专机"的歌单，还是《音乐的力量》二战题材的品牌短片，抑或"网易云音乐"6周年品牌短片《我们的云村时光》等，在它们的背后，小到一句评论，大到一部影片，都有一个"真实故事"的支撑。比如云村6

---

[1] 品牌头版．三个方法论，讲透网易云音乐背后的营销逻辑［EB/OL］．（2020-4-28）［2020-03-19］．https://www.cnwebe.com/articles/84586.html．

周年品牌短片《我们的云村时光》，正是一部记录真实用户故事的短片。多年来，数亿用户在网易云安家，他们各有精彩，各有烦恼，音乐让他们相聚于此，同放悲欢，在与音乐为伴的日子里，他们共同在内心里释放个人的情绪，与生活达成和解。

可以说，真实故事，是网易云音乐场景营销的灵魂，这些故事来自每个用户的内心深处，来自都市里奋斗的每个个体命运的碰撞与交流，这让"网易云音乐"的每一次营销，都带有真实的温度，可以触摸，能够共鸣。音乐是个体的，音乐又是群体的。有了这些真实故事的注入，"网易云音乐"才真正构建起一个属于用户的音乐心灵之家，让用户与品牌有了紧密的情感联结，引发用户"涟漪式"的关注和共鸣，获得深度的情感认同。

3.跨界拓展场景，让品牌内容直抵用户

场景营销依托于具体的场景进行，但场景之间的界限是可以被随时打破的，跨界场景融合，是当下最潮流的字眼。跨界拓展场景，要实现双方品牌的共享共赢，为品牌创造出一种可延伸的立体感，从而深入到更广泛用户群体的生活方式中。

作为一个音乐社区，"网易云音乐"始终在借助跨界的力量不断拓展音乐的场景，做线下场景延伸。2019年情人节，"网易云音乐"跨界京东物流，快递箱 × 歌词 IP 将音乐"速递"到用户身边；2019年底，跨界海底捞推出"AR 小纸条"，用户可通过"网易云音乐"AR 小纸条虚拟留言墙功能留言、评论、点赞、分享音乐或与小纸条合影。这一系列新颖趣味的互动玩法解锁了用户等餐新姿势，开启了基于线下消费场景的虚拟空间互动新社交体验。

通过跨界方式，"网易云音乐"将看似风马牛不相及的场景无缝衔接在一起，为每一个场景赋予了音乐与生活的温度，打造出一个"故事＋场景＋互动"的营销模式，并逐渐多样化。可以说，"网易云音乐"并没有简单成为音乐的播放器，它以音乐为媒，将生活与社交结合起来，让自己成为用户生活的一部分，从而进一步强化了消费者对品牌的感知，增强了用户情感黏度，实现了线上线下的深度融合。

（"网易云音乐"场景营销案例视频请参考此链接：https://tv.sohu.com/v/dXMvMjQ3Mzc5MDY4Lzk5OTIzNDYyLnNodG1s.html）

课后思考题

1.场景营销有哪些类型，经历了哪三个阶段？
2.如何策划一次场景营销？要点是什么？

图书在版编目(CIP)数据

新媒体营销案例教程/付晓静主编. —— 北京：中国传媒大学出版社，2022.5
ISBN 978-7-5657-3118-1

Ⅰ.①新… Ⅱ.①付… Ⅲ.①网络营销—教材 Ⅳ.① F713.365.2

中国版本图书馆 CIP 数据核字(2021)第 274908 号

新媒体营销案例教程
XINMEITI YINGXIAO ANLI JIAOCHENG

主　　编	付晓静
副 主 编	滕姗姗　邓倩文
责任编辑	黄松毅
责任印制	阳金洲
封面设计	拓美设计
出版发行	中国传媒大学出版社
社　　址	北京市朝阳区定福庄东街 1 号　　邮　　编　100024
电　　话	86-10-65450528　65450532　　传　　真　65779405
网　　址	http://cucp.cuc.edu.cn
经　　销	全国新华书店
印　　刷	三河市东方印刷有限公司
开　　本	787mm×1092mm　1/16
印　　张	10
字　　数	189 千字
版　　次	2022 年 5 月第 1 版
印　　次	2022 年 5 月第 1 次印刷
书　　号	ISBN 978-7-5657-3118-1/F・3118　　定　价　39.00 元

本社法律顾问：北京嘉润律师事务所　郭建平
版权所有　翻印必究　印装错误　负责调换